Angelika I. Müller / Ingo Scheller

DAS EIGENE UND DAS FREMDE

Flüchtlinge, Asylbewerber, Menschen aus anderen Kulturen und wir -

Szenisches Spiel als Lernform

Dokumentation von Erfahrungen und Vorschläge für eine pädagogische Praxis mit für SozialarbeiterInnen, LehrerInnen, StudentInnen und SchülerInnen

Informationen zu wissenschaftlichen Weiterbildung

Herausgegeben vom Zentrum für wissenschaftliche Weiterbildung der
Carl von Ossietzky Universität Oldenburg (ZWW)

Für die finanzielle Unterstützung bei der Veröffentlichung danken wir dem Modellprojekt "dezentrale Flüchtlingssozialarbeit in Niedersachsen" an der Carl von Ossietzky Universität Oldenburg, Institut für Bildung und Kommunikation in Migrationsprozessen (IBKM)

Verlag/Vertrieb: Bibliotheks- und Informationssystem der Carl von Ossietzky Universität Oldenburg, (BIS) - Verlag, Ulhornsweg 49-55, 2900 Oldenburg, Tel.: (0441) 798-2261, Telefax: (0041) 798-4040

Druck: Druckzentrum der Carl von Ossietzky Universität Oldenburg

Weiterverarbeitung: Buchbinderei der Universitätsbibliothek

Umschlag: Britta Mayer

ISSN 0174-1642

ISBN 3-8142-0451-4

INHALT

VORWORT

Seit 1991 wird in Niedersachsen die Einrichtung von Betreuungs- und Beratungsstellen für dezentral untergebrachte Flüchtlinge im Rahmen eines Programms der Landesregierung finanziell gefördert. Dieses in der Bundesrepublik Deutschland bisher einmalige Vorhaben umfaßt mittlerweile 75 Stellen für Sozialarbeiterinnen und Sozialarbeiter. Träger dieser im ganzen Land verteilten Beratungsstellen sind die großen Wohlfahrtsverbände (AWO, Caritas, DRK, DPWV, DW), freie Vereine und Initiativen sowie kommunale und kirchliche Einrichtungen. Ergänzend zu den sozialen Diensten in den Zentralen Anlaufstellen für Asylbewerber und einer Vielzahl von Flüchtlingswohnheimen haben diese neu geschaffenen Stellen die Aufgabe, aufsuchende Sozialarbeit mit Asylbewerberinnen und -bewerbern, Asylberechtigten, Kontingent-, De-facto- und bleibeberechtigten Flüchtlingen, die dezentral in den Kommunen leben, zu leisten.

Ziele dieser Flüchtlingssozialarbeit sind es, die Flüchtlinge in die Lage zu versetzen, ihr Leben selbstständig zu gestalten, eine Mittlerfunktion zwischen Flüchtlingen und Verwaltung herzustellen sowie zur Förderung von Akzeptanz und Toleranz zwischen Flüchtlingen und Deutschen beizutragen.

Seit dem 1. Januar 1992 wird das Programm der dezentralen Flüchtlingssozialarbeit von der Carl von Ossietzky Universität Oldenburg im Rahmen eines Modellprojektes wissenschaftlich begleitet und koordiniert, wobei federführend das Institut für Bildung und Kommunikation in Migrationsprozessen (IBKM) und das Zentrum für wissenschaftliche Weiterbildung (ZWW) sind. Mit Hilfe einer zentralen Arbeitsstelle an der Hochschule und jeweils einer regionalen Koordinationsstelle in den 4 Regierungsbezirken Niedersachsens wird die Arbeit der Sozialarbeiterinnen und Sozialarbeiter vor Ort begleitet und unterstützt

Das Projekt beinhaltet Aufgabenschwerpunkte wie wissenschaftliche Begleitung und Evaluation des niedersächsischen Modells, eine verstärkte Förderung und Kooperation und Vernetzung der Flüchtlingssozialarbeit in Niedersachsen und den Aufbau einer Wissens- und Dokumentationsbörse, sowie ein kontinuierliches Weiterbildungsangebot, das durch entsprechende

Differenzierung den unterschiedlichen Bedarfslagen der Sozialarbeiterinnen und Sozialarbeiter gerecht werden soll.

Die hier vorliegende Veröffentlichung dokumentiert ein solches Weiterbildungsangebot, das in Rahmen des Projektes durchgeführt wurde. Unter dem Titel "Vom Umgang mit dem Fremden" sind Ingo Scheller und Angelika I. Müller in Seminaren mit FlüchtlingssozialarbeiterInnen (und LehrerInnen und StudentInnen) der Frage nachgegangen, welche Bilder von Fremden sie entwerfen, welches Verhalten dadurch gerechtfertigt wird und welche eigene Anteile sie an der Entstehung kritischer Situationen beim Umgang mit AsylbewerberInnen, aber auch BehördenvertreterInnen und KollegInnen haben. In der Dokumentation werden nicht nur Ergebnisse der Arbeit dargestellt, sondern auch und vor allem szenische Verfahren, mit denen SozialarbeiterInnen und PädagogInnen mit Jugendlichen, aber auch bei der Supervision im Team am Thema arbeiten können. In einem zweiten Band, der von Zentrum für pädagogische Berufspraxis (ZpB) veröffentlicht wird, haben Angelika I. Müller und Ingo Scheller unter dem Titel "Annäherung an das Fremde: Menschen aus Schwarzafrika und wir" Vorschläge und Materialien für eine pädagogische Praxis entwickelt, bei der sich die TeilnehmerInnen Schritt für Schritt mit Mitteln des szenischen Spiels in den Lebenszusammenhang, den Alltag und die Haltungen von Menschen aus anderen Kulturen einfühlen sollen, um aus dieser Perspektive einen anderen Blick auf die eigene Kultur und Lebensweise zu werfen.

Ina Grieb, ZWW | Prof. Rolf Meinhardt

EINLEITUNG

1. Anlässe

Deutschland im Herbst 1992. Angestachelt und legitimiert durch die Asyldebatte, bestätigt durch die Reaktion der Medien und die offene bzw. klammheimliche Freude eines Teils der Bevölkerung und das entsetzte Schweigen des anderen Teils, überfallen jugendliche Banden AusländerInnen, attackieren Asylbewerberheime, setzen hilflose Menschen in Angst und Panik. Mit einer Mischung von Angst-Lust und Ratlosigkeit verfolgt eine konsternierte Öffentlichkeit die alltäglichen Gewaltinszenierungen im Fernsehen: Rostock, Greifswald, Mölln u.a.. Erst nach dem Anschlag von Mölln, wo ausländische "Mitbürger" (nicht AsylbewerberInnen) Opfer des Terrors werden, erst nach dem unseligen Asylkompromiß der Parteien, der Flüchtlingen den Zutritt zur Bundesrepublik verbauen soll, setzen Polizei und Lichterketten den Aktionen ein vorläufiges Ende.

Weil uns die hilflosen Reaktionen vieler gutmeinender Menschen und natürlich auch unsere eigenen erschrocken gemacht haben, haben wir uns in mehreren Seminaren mit FlüchtlingssozialarbeiterInnen, LehrerInnen und StudentInnen mit der Frage beschäftigt, welche Alltagserfahrungen, welche Bilder von den Fremden, welche Projektions- und Abwehrprozesse bei den gewalttätigen Jugendlichen, vor allem aber bei der hilflosen Reaktion der bürgerlichen Öffentlichkeit eine Rolle gespielt haben. Unsere Intention bestand darin, den Zusammenhang und die Dynamik von Lebenssituation, Projektion und Abwehr für die TeilnehmerInnen an eigenen Bildern und Erlebnissen erfahrbar und durchsichtig zu machen und ihnen zu helfen, die eigenen Anteile an der Konstruktion des Fremden zu entdecken und alternative Wahrnehmungs- und Handlungsmöglichkeiten zu entwerfen.

Das Buch zeigt, wie wir gearbeitet haben. Es dokumentiert Erfahrungen, v.a. aus den Seminaren mit FlüchtlingssozialarbeiterInnen, versucht erste Interpretationen, enthält Vorschläge für die Praxis. Es versteht sich als pädagogischer Versuch und will PädagogInnen in der Schule, in der Sozialarbeit und in der Weiterbildung Anregungen geben, wie sie sich erfahrungs- und handlungsbezogen mit dem auseinandersetzen können, worin wir die Basis von Fremdenfeindlichkeit und Rassismus sehen: in der zunehmenden

Schwierigkeit für viele Jugendliche und Erwachsene, die ökonomischen, sozialen und ideologischen Krisen subjektiv zu bewältigen, und den daraus resultierenden Versuchen, die Angst vor dem Selbst- und Existenzverlust durch Projektions- und Abwehrprozesse an Fremden zu bekämpfen. Da wir davon ausgehen, daß sich diese Schwierigkeiten bei den gegenwärtigen gesellschaftlichen Entwicklungen nicht verringern, sondern eher verstärken werden, und weil wir befürchten, daß die dabei entstehenden Ängste, Aggressionen und Abwehrprozesse von reaktionären politischen Gruppierungen und Ideologien aufgegriffen und funktionalisiert werden können, halten wir diese Auseinandersetzung für wichtig. Nicht zuletzt sind wir davon überzeugt, daß wir - ob wir wollen oder nicht - lernen müssen, mit Menschen aus anderen Kulturen zusammenzuleben, und wir sehen darin die Chance, neue Erfahrungen mit uns und anderen zu machen.

2. Das Eigene und das Fremde: Angst und Faszination

Wer vom Fremden spricht, spricht immer auch von sich: das Fremde ist das, was ich nicht bin, was nicht zu mir gehört. Weil aber mein Selbstbild ein Konstrukt ist, weil es mich bestätigen, mich als identisch erlebbar machen soll, blende ich nur zu gern aus, was ich an mir nicht mag, was mich bedroht, was mich vor mir und den anderen herabsetzen könnte. Weil ich mich als großartig wahrnehmen möchte, muß ich ausblenden und abspalten, was dem in und an mir entgegensteht. Weil ich mich als einzigartig sehen will, muß ich mich von anderen abgrenzen und verleugnen, was ich mit ihnen gemein habe. Fremd ist mir dann das, was ich an anderen wahrnehme, an mir aber nicht wahrnehmen will. (HEINRICHS 1992)

Das Fremde macht Angst. Die Angst vor dem Fremden ist die Angst vor den abgespaltenen, verpönten, manchmal auch verdrängten Anteilen in mir. (ERDHEIM 1992 u.1992 a, WIESEL 1992) Das Fremde konfrontiert mich mit diesen, erinnert mich und stellt damit in Frage, was ich mir mühsam aufgebaut habe und was mir Sicherheit gibt: Werte, Identität, Selbstgefühl, Lebensentwürfe, Wahrnehmungs- und Handlungsroutinen. Da ich das alles nur aufbauen und aufrechterhalten konnte und kann, indem ich andere Bedürfnisse, Wünsche, Gefühle und Verhaltensweisen abspalte, nicht oder nur in unkontrollierten Situationen an mir wahrnehme, auf jeden Fall nicht ins Selbstbild aufnehme, fühle ich mich bedroht, wenn ich daran erinnert werde: etwa an Faulheit, Lebenslust, Unordnung, Hingabe, Unterwerfung, Aggressivität, Gewalt, Homosexualität, Depressionen, Einsamkeit, Armut, Geselligkeit, Körperlichkeit usw. Weil ich das - zumindest in bestimmten Situationen - nicht an mich heranlassen möchte, es würde mich ja zwingen, es auch in mir wahrzunehmen, mich widersprüchlicher und weniger identisch und großartig zu finden, schreibe ich es dem oder den Fremden zu und wehre es an ihm/ihnen ab. Dies muß ich umso mehr tun, je starrer und begrenzter mein Selbstbild ist, sei es aufgrund einer rigiden autoritären Sozialisation oder der Notwendigkeit, mich in einer sozial, ökonomisch und kulturell unsicheren Lebenssituation zu beweisen. Je verunsicherter das Selbstwertgefühl durch die Gefahr ökonomischer, sozialer und kulturelle Abwertung und Ausgrenzung, umso stärker ist die Tendenz, sich demonstrativ mit gesellschaftlich akzeptierten Werten und Haltungen zu identifizieren. Und das kann ich am besten dadurch demonstrieren, daß ich bekämpfe, wovon ich mich bedroht fühle. Hier liegt wohl auch der Grund dafür, daß rassistische Vorurteile und Ideologien besonders bei sozial und ökonomisch verunsicherten Menschen auf fruchtbaren Boden fallen, während bei Menschen aus den relativ abgesicherten Mittelschichten eher Formen der Abwehr zu beobachten sind, die das Fremde am anderen nicht wahrhaben wollen.

Das Fremde fasziniert. Das Fremde außer uns und in uns fasziniert auch, denn es ist das Neue, das Verborgene, das Grenzüberschreitende. Lassen wir uns darauf ein, können wir neue Erfahrungen mit uns und anderen machen, können wir neue Wahrnehmungs- und Verhaltensmuster ausbilden, können wir unsere eigenen, angstvoll aufrechterhaltenen Bornierungen erkennen, in Frage stellen, können wir uns verändern, können lernen. Die Faszination des Fremden hilft dem Kind, sich aus der Familie zu lösen, sich mit seiner sozialen Umwelt und anderen Menschen auseinanderzusetzen und eine eigenen Identität zu entwickeln. Das Fremde erweckt nicht nur Angst und treibt in die eigene Welt zurück, es kann auch aus dieser Welt herauslocken. "Lassen wir uns auf das Fremde ein, so kommt es zu Grenzverschiebungen, und wir müssen uns ändern." (ERDHEIM,1992a,S.734) Es entsteht Kultur: "Kultur ist das, was in der Auseiandersetzung mit dem Fremden entsteht, sie stellt das Produkt der Veränderung des Eigenen durch die Aufnahme des Fremden dar."(ebenda) Wir wissen darum und geben uns der Faszination hin - in der künstlerischen und wissenschaftlichen Produktion, beim Reisen in fremde Länder und in die eigene Geschichte (etwa in der Therapie).

3. Das szenische Spiel als Lernform

Weil die Prozesse, die bei der Konstruktion und der Auseinandersetzung mit dem Fremden eine Rolle spielen, in nicht wenigen Anteilen unbewußt bzw. halbbewußt sind, entziehen sie sich einer pädagogischen Strategie, die die Aufklärung über die Sprache bevorzugt. Die Aufklärung kann Zusammenhänge benennen, sie berührt aber nicht die Übertragungsdynamik, ganz zu schweigen die zugrundeliegenden Emotionen, die ihren Ursprung in der Lebensgeschichte und in der Lebenssituation der einzelnen Individuen haben. Sollen die einzelnen begreifen, welche eigenen Anteile sie bei der Konstruktion des Fremden einbringen und abwehren, und sollen sie die Möglichkeit haben, in der Auseinandersetzung mit dem Fremden sich neu zu sehen und abgespaltene Bedürfnisse, Wünsche und Verhaltensweisen (wieder) in das eigene Selbstbild zu integrieren, dann müssen Verfahren her, die Projektions-, Abwehr- und Einfühlungsprozesse sinnlich konkret sichtbar und bearbeitbar machen. Ein solches Verfahren ist das szenische Spiel, mit dessen Hilfe erlebte und mögliche Szenen, aber auch zu Bildern erstarrte Vorstellungen in ihrer emotionalen Dynamik rekonstruiert und durchgearbeitet werden können. Beim szenischen Spiel wird in vorgestellten Situationen und Rollen gehandelt. (SCHELLER 1991) Damit das Handeln demjenigen ähnelt, daß die SpielerInnen auch in Realsituationen zeigen bzw. gezeigt haben, müssen Einfühlungsprozesse inszeniert werden, bei denen das szenische, aber auch das emotionale und das Körper-Gedächnis aktiviert und mit Situation und Rolle verbunden werden. Darüber hinaus können mit Hilfe von szenischen Reflexionsverfahren die Struktur und Dynamik von Projektions- und Abwehr-Haltungen und -prozessen sichtbar gemacht werden. Die Verfahren des szenischen Spiels, die bei der Untersuchung verwendet werden und die im folgenden beschrieben werden, sind einfach und wurden in zahlreichen Lern- und Forschungsprojekten mit LehrerInnen, StudentInnen und SchülerInnen erprobt. (Vgl. die Publikationen von SCHELLER im Literaturverzeichnis)

4. Aufbau und didaktische Konzeption

Der Aufbau des Buches folgt im wesentlichen dem Verlauf der Seminare, die wir mit FlüchtlingssozialarbeiterInnen, LehrerInnen und StudentInnen durchgeführt haben. Zentral waren dabei für uns die Seminare mit den SozialarbeiterInnen, die wir - auch weil sie sich als einzige den alltäglichen Problemen von Flüchtlingen und AsylbewerberInnen stellen müssen - ausführlich dokumentiert haben. Erfahrungen mit LehrerInnen und Studierenden haben wir dort aufgenommen, wo uns solche vorliegen und signifikante Unterschiede in den Haltungen deutlich wurden. Wir haben versucht, unserer Arbeitsverfahren möglichst detailliert darzustellen, weil wir PädagogInnen anregen wollen, in ähnlicher Weise zu arbeiten. Dabei haben wir in einigen Fällen auch Arbeitsvorschläge gemacht, die über die hinausgehen, die wir bereits erprobt haben.

Bei der Dokumentation der Spielprozesse ging es uns darum, möglichst viel von der Dymamik der Darstellung und Interpretation abzubilden. Deshalb haben wir so weit wie möglich vermieden, auswählend, strukturierend und deutend in das Material einzugreifen. Entsprechend knapp und deskriptiv fallen auch die zusammenfassenden Interpretationen aus: sie skizzieren, was uns aufgefallen ist, sie erheben keinen Anspruch auf Allgemeingültigkeit. Überhaupt hoffen wir, daß die Darstellung weniger als Befund denn als Anregung zur Selbstreflexion und zur pädagogischen Praxis gelesen wird.

Noch eine Bemerkung zu Terminologie: Wir sind uns bewußt, daß der Begriff "AusländerInnen" im Zusammenhang mit der Fremdenfeindlichkeit problematisch ist: Häufig sind es ja Menschen, die seit Jahrzehnten hier leben, die die deutsche Staatsangehörigkeit besitzen und die deutsche Sprache sprechen, die als Projektionsfläche für eigene ungeliebte Anteile herhalten müssen. Der Begriff "AusländerIn" grenzt hier aus, wo es sich um MitbürgerInnen handelt. Wenn wir dennoch den Begriff immer wieder verwenden, so deshalb, weil wir damit das Moment der Ausgrenzung bewußt machen wollen, das mit der Projektion beginnt.

1 STEREOTYPE BILDER ALS ABWEHRFORMEN

1.1 Bilder organisieren und rechtfertigen unsere Verhalten

Mehr als wir glauben (und uns lieb ist), wird unser Handeln von **stereotypen Bildern** und Szenen bestimmt, die wir von Menschen, Themen und Problemen haben. Gerade dort, wo in krisenhaften Situationen aktives Handeln gefordert wird, helfen uns solche Bilder, unser Verhalten bzw. **Nichtverhalten zu rechtfertigen**. Sie sind auf der einen Seite Produkte direkter bzw. mittelbarer Erfahrungen, sie dienen auf der anderen Seite der Projektion und Abwehr von Ängsten, Unsicherheiten und Aggressionen. Weil solche stereotypen Bilder aufgrund ihrer Funktion, **Komplexität zu reduzieren** und **Angst abzuwehren**, eine relativ allgemeine und grobe Struktur haben, werden sie häufig als Klischees abgewertet. Gleichwohl sind sie **kollektive Muster** der Verhaltensorientierung und als solche ernst zu nehmen und in ihrer Wirkung zu begreifen.

1. Die TeilnehmerInnen werden in Gruppen eingeteilt. Jede ***Gruppe*** *überlegt sich in drei Minuten drei Bilder zum Thema "Flüchtlinge/AsylbewerberInnen" und stellt diese als Standbild dar: jede(r) erstarrt in einer Haltung.*

2. Nacheinander ***präsentieren*** *die Gruppen ihre Bilder. Steht ein Bild, so assoziieren die BeobachterInnen, um was für eine Situation es gehen könnte. Die ErbauerInnen bestätigen bzw. präzisieren anschließend die Deutungen. Dann wird das nächste Bild erstellt.*

3. Sind alle drei Bilder einer Gruppe präsentiert und identifiziert, werden diese noch einmal demonstriert und ***von den BeobachterInnen*** *in unterschiedlicher Weise* ***gedeutet****: Je nach Intention sind unterschiedliche Deutungsverfahren möglich:*

a) Die BeobachterInnen stellen sich hinter die Personen im Bild, legen diesen die Hand auf die Schulter und sagen, was diese nach ihrer Meinung gerade denken. Zum Schluß sagen die Personen im Bild, was die Person, die sie darstellen, ihrer Meinung nach gerade denkt. ***(Zuschreibung von außen)***

b) Die BeobachterInnen ahmen die Haltung einer Person im Bild nach. Der/die SpielleiterIn geht dann von einem/r zum/r anderem/n, tippt sie an und läßt sie aus der Haltung heraus sagen, was die Person, deren Haltung sie nachahmen, in der Situation gerade denken könnte. ***(Einfühlung in Einzelhaltungen)***

c) Die BeobachterInnengruppen bauen das Bild nach. Dann geht der/die SpielleiterIn herum und fragt die NachahmerInnen, was sie gerade denken. Zum Schluß sprechen die Personen im Ausgangsbild ihre Gedanken aus. ***(Einfühlung in Haltungen in Bezug auf die Gruppe)***

d) Die BeobachterInnen stellen sich hinter die Person im Bild, mit der sie sich identifizieren, und sagen, was diese denken könnte. Zum Schluß sagen die SpielerInnen, welche Zuschreibung ihren eigenen Vorstellungen am nächsten gekommen ist. ***(Einfühlung in Identifikationspersonen)***

e) Die BeobachterInnen begeben sich hinter die Personen, die im Bild Opfer bzw.Täter sind, und erläutern aus dieser Perspektive heraus, was sie wahrnehmen und empfinden. ***(Einfühlung in die Opfer- bzw. Täterperspektive)***

f) Die BeobachterInnen suchen den Ort und die Haltung im Bild, die ihre Beziehung zu dem Geschehen sichtbar machen. Nacheinander sagen sie dann, warum sie diese Haltung eingenommen haben. ***(Stellung beziehen)***

Charakteristisch für die **Spontanbilder der FlüchtlingssozialarbeiterInnen** waren z.B. folgende Standbilder:

- Flüchtlinge stehen in einer Schlange vor der Ausländerbehörde: müde, den Kopf hängen lassend, erwartungsvoll bis resigniert.
- Moslemische Frauen stehen zusammen und unterhalten sich mit gesenkten Köpfen. Etwas davon entfernt handeln die Männer mit großer Geste etwas aus.
- Eine Gruppe von Flüchtlingen schläft dicht aneinandergedrängt in einer Unterkunft:"Ich will nicht mehr."- "Diese Tasche ist das letzte, was ich habe"- "Ich halte diese Enge nicht mehr aus.".
- Eine große Gruppe von AsylbewerberInnen bedrängten eine Sozialarbeiterin in deren Büro. Alle reden auf die Sozialarbeiterin ein ("Hilf mir.").

Die SozialarbeiterIn drängt sie mit den Händen zurück:"Verdammt, so kann ich ihnen überhaupt nicht helfen."

- An der Grenze beim illegalen Grenzübertritt: ein Flüchtling kommt durch, ein anderer wendet sich zur Flucht, zwei Grenzbeamte halten einen dritten fest ("Ich hab` wieder einen erwischt").

Im Gegensatz zu den SozialarbeiterInnen bauten **StudentInnen** Bilder, die sich in ihrer Struktur sehr ähnlich waren: auf der einen Seite standen die Flüchtlinge als hilflose Opfer, auf der anderen Seite agierten in der Regel jugendliche Deutsche: sie schlugen, pöbelten, warfen Brandbomben. In zwei Bildern schauten die Deutschen vor allem zu, zwei Bilder zeigten allein die Flüchtlinge beim Schlangestehen bzw. Betteln.

Die Spontanbilder der **LehrerInnen** waren in ähnlicher Weise strukturiert, wobei allerdings mehrere Bilder ankommende Flüchtlinge und bettelnde Roma zeigten.

3. Die TeilnehmerInnen sprechen über ***Gemeinsamkeiten*** *in ihren Spontanbildern und bauen anschließend eine* ***Statue*** *(ein Denk-Mal), die das Gemeinsame an den Bildern zum Ausdruck bringt. Dabei gehen sie in folgender Weise vor:*

- *Eine(r) beginnt mit dem Bau des Denkmals: sie/er wählt TeilnehmerInnen aus und formt ihre Haltungen mit den Händen entsprechend den eigenen Vorstellungen: dabei zeigt sie/er keine konkrete Situation, sondern eine Beziehungskonstellation.*
- *Ist die Statue erstellt, sagt der/die ErbauerIn, was er/sie mit dieser zeigen will.*
- *Die übrigen TeilnehmerInnen modifizieren das Bild nach eigenen Vorstellungen bzw. bauen neue Statuen, die ihren Vorstellungen mehr entsprechen. Die jeweiligen Modifikationen bzw. neuen Statuen werden erläutert. Diese* ***szenische Diskussion*** *mit Hilfe von Statuen wird so lange fortgeführt, bis ein Bild gefunden wird, das von allen TeilnehmerInnen akzeptiert wird.*

Die **FlüchtlingssozialarbeiterInnen** einigten sich auf folgende Statue:

Flüchtlinge werden in unterschiedlichen Situationen und Haltungen gezeigt: bei der Ankunft, beim Schlangestehen, beim Behördengang, bei der

Abschiebung. Etwas entfernt sitzen zwei Deutsche: der eine sitzt breit und zurückgelehnt und schaut sich das Geschehen gleichgültig bis ablehnend an, der andere zeigt eine konzentrierte, offene und verständnisvolle Haltung, greift aber nicht ein.

Die **StudentInnen** fanden ziemlich schnell eine Statue:

In der Mitte stehen, sitzen und liegen - meist mit gesenktem Kopf - Flüchtlinge. Um diese herum stehen Deutsche mit unterschiedlichen Haltungen: drei schlagen auf die Flüchtlinge ein, zwei schauen mit gekreuzten Armen aus einiger Entfernung zu, zwei werfen Molotow-Coctails, einer steht abgewandt und hält sich die Ohren zu, zwei suchen das Weite.

Die Statue der **LehrerInnen** zeigt den Gegensatz von Täter und Opfer noch eindeutiger:

Auf der einen Seite steht eine Flüchtlingsfamilie, die gerade in Deutschland angekommen ist: Zwei Männer, zwei Frauen und Kinder. Die Erwachsenen, z.T. resigniert und müde nach unten blickend, z.T. auch hoffnungsvoll bis neugierig um sich sehend. Ihnen gegenüber, in einiger Entfernung, die Deutschen: drohend, Steine werfend, zuschlagend.

2.

*4. Die **BeobachterInnen** setzen sich zu der Statue, die sie gemeinsam erarbeitet haben, in Beziehung **und nehmen** den Platz und **die Haltung** ein, die sie **gegenüber dem** dargestellten **Geschehen** haben. Der/die SpielleiterIn geht von einer/m zur/m anderen und fragt sie, warum sie sich an diesen Ort und in dieser Haltung hingestellt haben. Haben alle ihre Position erklärt, werden die Personen in der Statue ausgewechselt, so daß auch die, die bis dahin die Statue gebildet haben, ihren Standpunkt bestimmen können.*

Haltungen von FlüchtlingssozialarbeiterInnen:

- Einige versuchten, zwischen den Deutschen und den AusländerInnen zu vermitteln, wobei sie die AusländerInnen körperlich berührten, die Deutschen aber nur anschauten.

- Andere nahmen Abstand, um das ganze Geschehen zu überblicken, entweder aus der Perspektive der Deutschen oder von einem dritten Standpunkt aus.
- Einige versuchten den AusländerInnen die Haltung der Deutschen verständlich zu machen.
- Nicht wenige kehrten den Deutschen einfach den Rücken und kümmerten sich nur um die Flüchtlinge (das waren v.a. die SozialarbeiterInnen, die in den ZASTen und/bzw. mit Flüchtlingen arbeiteten, die abgeschoben werden sollten).
- Die meisten, die den Flüchtlingen helfen wollten, hatten Blickkontakt zu den Deutschen.

***

Haltungen der StudentInnen:

- Die meisten standen distanziert mit einigem Abstand zwischen den Flüchtlingen und den Deutschen in hilflosen, z.T. abwehrenden, z.T. beschwörenden Haltungen und starrten auf das Geschehen.
- Einige standen abgewandt, entweder flüchtend oder den Blick noch über die Schulter zu den Ereignissen hin.
- Wenige versuchten, den Flüchtlingen zu helfen, indem sie sich diesen zuwandten.
- Noch weniger bauten sich direkt vor den Deutschen auf und machten diesen mit erhobenen Händen Vorwürfe.

***

Haltungen der LehrerInnen:

- Fast alle standen in einiger Entfernung zwischen den Parteien und starrten gebannt ängstlich auf das Geschehen: "Wir können nichts machen."
- Nur zwei wandten sich den deutschen Aggressoren zu und sprachen beschwörend auf sie ein, ohne direkt einzugreifen.

Die Bilder, die von den FlüchtlingssozialarbeiterInnen, den StudentInnen und den LehrerInnen spontan gestellt wurden, waren notwendigerweise klischeehaft. Sie stammen aus direkten bzw. aus Medien-Erfahrungen. Sie waren umso differenzierter, je intensiver konkrete Erfahrungen mit Flüchtlingen vorlagen, und umso stereotyper, je größer die soziale Distanz zu den

Flüchtlingen war: Während die Bilder der FlüchtlingssozialarbeiterInnen eigene Erfahrungen reflektierten, blieben die Bilder der Studierenden, noch stärker die der LehrerInnen, stereotyp. Dabei machten vor allem die Statuen deutlich, daß diese Bilder auch die Funktion hatten, das eigene Handeln zu rechtfertigen. Während die Statue der SozialarbeiterInnen die Flüchtlinge bei unterschiedlichen Tätigkeiten zeigte, zu denen sie sich jeweils verhalten konnten bzw. mußten, waren die Statuen der Studierenden und der LehrerInnen nach einem Täter-Opfer-Muster entwickelt, das das eigene Nichthandeln rechtfertigen konnte. In einer Situation, in der Intellektuelle durch die Eskalation der Gewalt mit der Frage konfrontiert waren, auf welcher Seite sie Partei ergreifen sollten, spalteten sie die eigenen Täter- bzw. Opfer-Anteile ab und projezierten sie nach außen: auf der einen Seite die armen, hilflosen, ohnmächtigen Flüchtlinge, auf der anderen Seite die aggressiven, gewalttätigen (jugendlichen) Deutschen: beide Seiten wurden damit zu Objekten gemacht, von denen man sich abgrenzen konnte und mußte: man war ja nicht Täter und auch nicht Opfer. Entsprechend hilflos sind (und waren) auch die Haltungen, die Studierende und LehrerInnen gegenüber den Ereignissen zeigten (und gezeigt haben): passiv, mit schlechtem Gewissen, hilflos, ohne Handlungsmöglichkeit. Demgegenüber zeigten die FlüchtlingssozialarbeiterInnen relativ differenzierte praktische Haltungen gegenüber den Flüchtlingen und den deutschen Behörden.

*5. Die TeilnehmerInnen **verändern** ihre Statue so, daß es ihnen möglich wird, **aktiv** in das Geschehen **einzugreifen**.*

StudentInnen einigten sich nach mehreren Versuchen auf ein Bild, das die Flüchtlinge aktiv bei dem Versuch zeigte, auf Deutsche zuzugehen bzw. sich gegen Angriffe zu schützen und zu wehren. Auf der anderen Seite wurden Deutsche gezeigt, die sich um die Flüchtlinge kümmerten und den jugendlichen Gewalttätern entgegentraten. Die Statue erlaubte vielen Studierenden nicht mehr das Zuschauen: Deutsche und Flüchtlinge wurden sowohl als Täter wie auch als Opfer (und damit als Subjekte) gezeigt, zu denen sie sich in Beziehung setzen konnten. Wären die Flüchtlinge in Rostock als Subjekte in diesem Sinne gesehen worden, dann hätten viele Zuschauer nicht hilflos dort gestanden, wohin sich die Brandsätze werfenden Jugendlichen zurückziehen konnten, sondern sie hätten sich schützend vor dem Asylbewerberheim gestellt: Vermutlich wären die Brandbomben dann nicht mehr geworfen worden, und auch die Polizei wäre nicht abgezogen worden.

1.2 Vorurteile dienen der eigenen Aufwertung

Vorurteile dienen der Abgrenzung, der Aufwertung des eigenen Ichs durch die Abspaltung und Projektion eigener ungeliebter Anteile auf andere. Der Gewinn ist nicht gering: indem ich die Anteile, die mich bedrohen, an Fremden bekämpfe, kann ich mich selbst als positiv, bedeutsam und wichtig darstellen. Gerade in sozialen und ökonomischen Krisen bietet der Rückgriff auf Vorurteile die Möglichkeit, das **bedrohte Selstwertgefühl durch die Identifikation mit bzw. Betonung positiv besetzter gesellschaftlicher Werte und Normen zu stabilisieren**. Auch wenn Sauberkeit, Ordnung, Arbeit, Disziplin, Intelligenz, Leistung, Männlichkeit, gehobener Lebensstandard usw. nicht unbedingt als Werte akzeptiert und gelebt werden, kann man/frau sich doch dadurch aufwerten, daß er/sie Abweichungen von diesen Normen an anderen betont und abwertet. Als Projektionsfläche für solche Vorurteile bieten sich soziale und ethnische Gruppen an, die aufgrund ökonomischer, sozialer und kultureller Bedingungen den gesellschaftlich erwarteten Normen nicht entsprechen (können): AusländerInnen (z.B. AfrikanerInnen, TürkInnen, Roma), aber auch Obdachlose, Arbeitslose, Drogenabhängige, Behinderte, oder generell Frauen. Dabei kann man davon ausgehen, daß **Vorurteile als Mittel der Abgrenzung und der Selbstaufwertung** vor allem dort verbreitet sind, wo die Menschen aufgrund ihrer sozialen Lage am wenigsten in der Lage sind, das zu realisieren, was sie an anderen bekämpfen. Daneben gibt es, etwa bei den alternativ orientierten Mittelschichten, auch Vorurteile, die **das Fremde** zum Zwecke der Abgrenzung und Kritik an der eigenen (deutschen) Kultur und Lebensweise **idealisieren**: hier werden die eigenen Wünsche auf Fremde projeziert und dort bewundert und gesucht: Sinnlichkeit, Körperlichkeit, gemeinschaftliches Handeln, Fröhlichkeit, Kindlichkeit.

Bei der folgenden Übung geht es darum, sich den Mechanismus der Projektion und Selbstaufwertung in der Auseinandersetzung mit Vorurteilen gegenüber Menschen unterschiedlicher Kulturen bewußt zu machen.

1. Die TeilnehmerInnen überlegen sich, gegenüber welchen ethnischen Gruppen sie Vorurteile untersuchen wollen: Roma, SchwarzafrikanerInnen, TürkInnen, PolInnen, Ostdeutsche, Westdeutsche, EngländerInnen, AmerikanerInnen, JapanerInnen, ItalienerInnen usw.

2. Die TeilnehmerInnen entscheiden sich für die ethnische Gruppe, mit der sie am meisten Erfahrungen gemacht haben bzw. die sie am meisten interessiert.

3. In den Gruppen zeigen einzelne TeilnehmerInnen mit Hilfe von Standbildern Vorurteile, die der ethnischen Gruppe zugeschrieben werden. Ist ein Vorurteil dargestellt, wird ein Gegenbild aufgebaut, das zeigt, wie sich diejenigen sehen wollen, die dieses Vorurteil äußern, also z.B.: wer abwertend sagt, Schwarzafrikaner seien faul (Vorurteilsbild), stellt sich indirekt als fleißig und arbeitsam dar (Gegenbild).

4. Die Gruppen präsentieren nacheinander Vorurteilsbilder mit den entsprechenden Gegenbildern (der Deutschen). Dabei gehen sie nach folgendem Muster vor: Das erste Vorurteilsbild wird gezeigt und erklärt: z.B. "Schwarzafrikaner sind faul. Sie denken dabei (die TeilnehmerInnen, die im Standbild stehen, sagen einen entsprechenden Satz): 'Was soll ich arbeiten, ich krieg ja die Sozialhilfe.' Das Gegenbild wird aufgebaut und erklärt: "Deutsche dagegen arbeiten fleißig für ihren Lebensunterhalt und denken dabei (die TeilnehmerInnen im Gegenbild sagen Gedanken): 'Ich verdiene mein Geld auf ehrliche Weise.'

Vorurteilsbilder und Gegenbilder von FlüchtlingssozialarbeiterInnen:

Roma

- Bild: Roma betteln aggressiv.
  • Gegenbild: Wir arbeiten für Geld.
- Bild: Roma hausieren.
  • Gegenbild: Wir kaufen anonym im Supermarkt.
- Bild: Roma stehlen.
  • Gegenbild: Wir kaufen uns Gegenstände ehrlich.

Schwarzafrikaner

- Bild: Schwarzafrikaner dealen.
  • Gegenbild: Die Deutschen machen ihre Geschäfte offen und ehrlich.
- Bild: Schwarzafrikaner faulenzen.
  • Gegenbild: Deutsche sorgen fleißig durch ihre Arbeit für das tägliches Brot und bezahlen ihre Kredite.

- Bild: Schwarzafrikaner gehen von einer weißen Frau zur anderen.
  • Gegenbild: Deutsche lieben treu ihre Frau und ihren Hund.
- Bild: Schwarzafrikaner sind auffällig lustig.
  • Gegenbild: Deutsche können sich benehmen, wissen, was sich gehört und sind seriös.

***

Vorurteilsbilder und Gegenbilder bei Studentinnen:

Roma

- Bild: Roma sitzen ums Lagerfeuer und machen Musik.
  • Gegenbild: Deutsche sitzen vor der Glotze.
- Bild: Roma stehlen, betteln und hausieren.
  • Gegenbild: Deutsche arbeiten.
- Bild: Roma wühlen in Mülltonnen und sind dreckig.
  • Gegenbild: Deutsche kaufen sich anständige Sachen und sind sauber und ordentlich gekleidet.
- Bild: SchwarzafrikanerInnen sind erotisch und sexuell potent.
  • Gegenbild: Deutsche sind spießig und langweilig.

***

SchwarzafrikanerInnen

- Bild: SchwarzafrikanerInnen sind gesellig und immer gut drauf.
  • Gegenbild: Deutsche grenzen sich ab und sind angestrengt und ernst.
- Bild: SchwarzafrikanerInnen machen viel Musik und tanzen.
  • Gegenbild: Deutsche sitzen anständig im Konzert.
- Bild: SchwarzafrikanerInnen sitzen und stehen meist faul rum.
  • Gegenbild: Deutsche sind ständig bei der Arbeit.

Obwohl die Vorurteile, die die FlüchtlingssozialarbeiterInnen und die StudentInnen darstellen, sich in einigen Punkten gleichen, liegen die Akzente doch unterschiedlich. Während die SozialarbeiterInnen, die häufiger mit Roma und SchwarzafrikanerInnen zu tun haben, Vorurteile darstellen und interpretieren, die in der Öffentlichkeit weit verbreitet sind, präsentierten die Studierenden Bilder und Haltungen, die z.T. ihre eigenen Bedürfnisse und Wünsche zum Ausdruck bringen. Während die Gegenbilder bei den SozialarbeiterInnen eher einen deutschen Zwangscharakter sichtbar werden lassen, zeichnen die Gegenbilder bei den StudentInnen Haltungen, die ihnen vertraut sind und unter denen sie leiden. Positiv besetzte Gegenbilder werden nur sichtbar bei Vorurteilen, die das Verhältnis von Männern und Frauen in fremden Kulturen betreffen (etwa bei Türken): hier werden die Haltungen und Beziehungen der Deutschen als offen, direkt und gleichberechtigt dargestellt.

Bei beiden Gruppen fällt auf, daß die Vorurteile gegenüber den unterschiedlichen ethnischen Gruppen sich sehr ähnlich sind. Offensichtlich dienen sie mehr der Aufwertung bestimmter eigener Normen als der Charakterisierung der Fremden.

5. Nacheinander bauen die Gruppen noch einmal alle Gegenbilder auf. Dabei wird sichtbar, wie sich Deutsche sehen bzw. sehen wollen.

1.3 Erfahrungen und Bedürfnisse organisieren Bilder von Fremden

Vorurteile sind kollektive Muster der Abwehr und der Selbstaufwertung, die in der Regel auch dort aufrechterhalten werden, wo andere Erfahrungen mit den betreffenden Menschen gemacht werden. Stereotype Bilder können aber auch aufgrund von Erfahrungen und Bedürfnissen entstehen, die einzelne und soziale Gruppen mit der fremden Ethnie verbinden. Je stärker diese direkten bzw. mittelbaren **Erfahrungen die** eigenen **Bedürfnisse tangieren**, umso stärker werden sie den Fremden generalisierend als Eigenschaft zugeschrieben. Die folgende Übung kann helfen, sich den Zusammenhang zwischen Lebenssituation, Bedürfnisstruktur und dem Fremdenbild bewußt zu machen.

1. Die Gruppen überlegen sich, wie sie eine ethnische Gruppe aufgrund ihrer Erfahrungen und ihres Wissens charakterisieren würden und wie sie das in einem ***Standbild*** *zeigen können.*

2. Die Gruppen präsentieren und interpretieren ihre Bilder, wobei sie diese mit TeilnehmerInnen aufbauen, die nicht zur eigenen Gruppe gehören.

3. Die Mitglieder der einzelnen Gruppen zeigen und erläutern die ***Haltung****, die sie* ***der ethnischen Gruppe gegenüber*** *einnehmen, die sie charakterisiert haben.*

Die Bilder, die FlüchtlingssozialarbeiterInnen, StudentInnen und LehrerInnen von Roma und SchwarzafrikanerInnen entwarfen, waren sehr unterschiedlich:

Roma

1. FlüchtlingssozialarbeiterInnen:

Bild I: Die Personen stehen dicht zusammengedrängt in einem Kreis, haben die Köpfe zusammengesteckt, den Blick nach innen gerichtet. Sie lassen niemand an sich heran.

Haltungen: Einige nähern sich zu zweit der Gruppe, andere bleiben beobachtend stehen, eine versucht, einen Roma-Mann aus dem Kreis zu holen: "Ich wage mich nicht heran."-"Ich gehe nie alleine, nur zusammen mit anderen zu ihnen."- "Ich isoliere einzelne Roma, weil es keinen Sinn hat, mit der ganzen Gruppe zu sprechen."
Alle Haltungen sind vorsichtig, ängstlich und distanziert.

Im Gespräch äußerten sich die SozialarbeiterInnen, die überwiegend in der ZAST arbeiten, über ihre Erfahrungen mit Roma: Direkte Aggressionen, Wutausbrüche, körperliche Drohungen seien nicht selten. Roma reagierten auf Verbote und Ablehnung häufig mit Widerstand: sie werfen Pampers, Brot und Tabletten in die Gegend.

Bild II: Ein anderes Bild zeichneten dezentral arbeitende SozialarbeiterInnen: Wenn sie als SozialarbeiterInnen eine Roma-Familie besuchten, werden sie als Gast empfangen, bewirtet und in ein offenes, freundschaftliches

Gespräch hineingezogen. Nach kurzer Zeit bildet sich eine Vertrauensbasis, auf der man bei späteren Besuchen aufbauen kann. Die Roma wüßten, daß sie keine Chance als Asylsuchende haben. Im übrigen könne man dabei erfahren, daß man die zentrale politische Stellung des Vaters bzw. des Großfamilienchefs zu achten habe. Ohne diesen gehe nichts. Roma kennen nur die eigenen Autoritäten an, das mache ihr Verhalten den Behörden gegenüber so aggressiv.

2. StudentInnen:

Bild: Frauen und Männer tanzen wild um ein Feuer. Die Musik wird von einer Geigerkapelle gemacht, andere Frauen und Männer stehen und sitzen lachend im Kreis.

Haltungen: Einige stehen zuschauend im Kreis, eine Studentin tanzt mit, die übrigen gucken aus einiger Entfernung zu: "Ich habe Lust mitzutanzen, traue mich das aber nicht."-"Ich bewundere das Temperament."-"Ich mache einfach mit"-"Das ist toll, aber nicht ganz geheuer."-"Ich traue mich an die nicht heran."

3. LehrerInnen:

Bild: Eine Romafamilie sitzt an der Straße und bettelt: auf dem Schoß der Frau liegt ein Kind. Die Haltungen der Frau und der Kinder: gespielte Demut. In einiger Entfernung steht der Mann und beobachtet die bettelnden Frauen und Kinder.

Haltungen: Die TeilnehmerInnen gehen in unterschiedlicher Weise an der bettelnden Familie vorbei: Einige blicken hin, andere demonstrativ zur Seite, eine gibt einem Kind einen Apfel: "Das ist peinlich." - "Die bekommen doch Sozialhilfe." - "Unmöglich, die Kinder so zu funktionalisieren." - "Da betteln schon wieder welche." - "Der Mann im Hintergrund kassiert ab."

***

SchwarzafrikanerInnen

1. FlüchtlingssozialarbeiterInnen:

Bild: Die AfrikanerInnen stehen in unterschiedlichen locker-offenen Haltungen in einer Gruppe zusammen: in der Hüfte leicht abgeknickt, heftig gestikulierend, zum Teil mit Körperkontakt, lachend im lebhaften Gespräch.

Haltungen: Die SozialarbeiterInnen begeben sich in die Gruppe der AfrikanerInnen, nehmen direkten Kontakt auf, sprechen und lachen mit ihnen. Dabei wirken ihre Haltungen entspannt: "Ich spreche sie an." - "Ich spreche mit ihnen über die Freizeit, das Wetter, über alles." - "AfrikanerInnen sind immer zu ein paar Witzen aufgelegt." - "Viele AfrikanerInnen sprechen englisch: so kann man sich verständigen."- "Jeder kann zu ihnen kommen, sie nehmen sofort Kontakt auf." - "Natürlich machen sie einen auch an, aber das stört nicht." - "Sie scheinen weniger Probleme zu haben als andere Flüchtlinge: sie nehmen die Sache offensichtlich nicht so ernst."

2. StudentInnen:

Bild I: Eine Gruppe Afrikaner trommelt, andere tanzen, andere stehen drum herum und klatschen und singen.

Haltungen: Einige StudentInnenbetrachten das Bild fasziniert von außen, andere stehen im Kreis und klatschen mit, eine tanzt mit: "Ich finde diese Lebendigkeit toll." - "Ich habe Lust mitzumachen." - "Die Musik macht mich an." - "Das Tanzen macht Spaß."

Bild II: Drei afrikanische Männer reden wild gestikulierend auf deutsche Frauen ein, einer faßt eine Frau an. Die eine Frau zieht sich zurück, eine andere reagiert mit erstarrter Freundlichkeit, eine dritte weist die Afrikaner zurück.

Haltungen: Die Studenten stellen sich zu den Afrikanern und sprechen sie an. Die meisten Studentinnen identifizieren sich mit den Haltungen der Frauen im Bild: "Die sollen mich in Ruhe lassen." - "Was die sich einbilden, mir einfach ihre Liebe zu bekennen." - "Ich finde das unmöglich, aber ich will nicht ausländerfeindlich sein." - "Das mache ich nicht mit."

Die Bilder, die die verschiedenen Gruppen von Roma und Schwarzafri-kanerInnen entwarfen, sind nicht nur Niederschläge von Erfahrungen, sie bilden auch die Bedürfnisse ab, die an diese herangetragen werden. Dies wird vor allem an den Bildern deutlich, die die SozialarbeiterInnen, die in den ZASTen arbeiten, von Roma und SchwarzafrikanerInnen entwerfen. Während ihnen die Roma zu Problemfällen werden, weil sie sich abschotten und ihnen aggressiv zurückspiegeln, was sie immer auch tun (müssen), nämlich Hilfe zu versagen, bieten sich die Haltungen der AfrikanerInnen als Projektionsfläche für die Wünsche nach Akzeptanz, Zuwendung und Kommunikation an: das lockere und ungezwungene Gespräch auch über private Dinge ermöglicht die Illusion, hier als Privatperson und nicht als VertreterIn einer staatlichen Institution gefragt zu sein.

Ganz anders dagegen die Bilder der StudentInnen: Die kulturellen Aus-drucksformen von Roma und SchwarzafrikanerInnen werden positiv besetzt und idealisiert (Tanz, Musik, Gesang), während das Auftreten schwarzafri-kanischer Männer, das von SozialarbeiterInnen auch da positiv gesehen wird, wo es mit einem Flirt verbunden ist, als sexistisch abgewehrt wird. Das Betteln von Roma-Frauen und -Kindern, das die bundesrepublikanische Öffentlichkeit besonders provoziert hat, scheint StudentInnen, deren mate-rielle Situation selbst schlecht ist, weniger zu berühren als die LehrerInnen, die hier direkt und körperlich nicht nur an eigene Privilegien und Ansprü-che erinnert werden, sondern auch an die Funktionalisierung von Kindern zur Existenzsicherung.

2 KÖRPERHALTUNGEN ALS PROJEKTIONSFLÄCHE

Steh-, Geh- und Sitzhaltungen von Frauen und Männern aus Schwarzafrika und aus Deutschland

Für Projektions- und Abwehrprozesse eignen sich besonders Menschen, die in ihrem Aussehen, in ihrer Kleidung, ihren Körperhaltungen, Interaktions- und Kommunikationweisen von dem abweichen, was im eigenen Lebenszusammenhang als üblich bzw. in der eigenen Vorstellung als notwendig angesehen wird: farbige AusländerInnen, Behinderte, Drogenabhängige usw. Da Begegnungen vermieden und häufig durch Sprachprobleme erschwert werden, bleibt es der Phantasie überlassen, den anderen Körper und seine Haltungen, die andere Gestik und Sprechweise mit Bedeutungen zu besetzen - mit Bedürfnissen, Wünschen, Ängsten. Die schwarzafrikanische Frau wird als stolz und erotisch wahrgenommen, weil sie sich hochaufgerichtet und langsam aus dem Becken heraus bewegt. Nicht gesehen wird, daß diese Haltung ein notwendiges Produkt der Arbeits- und Lebenssituation der Frauen in Afrika ist (vgl. MÜLLER/SCHELLER 1993): Schwere Lasten müssen auf dem Kopf über weite Strecken getragen werden, wobei auf dem Rücken häufig noch zusätzlich das Baby hängt. Das ist nur möglich mit einer guten Balance, mit aufgerichtetem Kopf, einer Pendelbewegung in der Hüfte und leicht geöffneten Füßen. In den Beschimpfungen von Skinheads werden schwarzafrikanische Männer häufig als weibisch oder schwul bezeichnet. In der Tat weichen die Körperhaltungen vieler Schwarzafrikaner von denen ab, die bei uns als männlich gelten: die Bewegung wird aus dem Becken heraus entwickelt, beim Stehen wird durch die Standbein-Spielbein-Position, die bei uns eher von Frauen eingenommen wird, das Becken leicht verschoben: die Haltung wirkt "weiblich" - im Gegensatz zu der breiten männlichen Haltung, die gerade bei Jugendlichen beobachte werden kann, die ihre Männlichkeit ausstellen wollen: Beine breit und in den Knien durchgedrückt, Fußspitzen nach außen, Becken fixiert, Händen in die Hüfte gestemmt oder Arme vor der Brust verschränkt. Für die jugendlichen Skinheads, die, selbst bindungsunfähig, ihre soziale Identität in demonstrierter Männlichkeit finden, können die "abweichenden" Haltungen der Schwarzafrikaner eine Projektionsflächen für die Abwehr der Angst vor der eigenen Homosexualität bieten. (STREECK-FISCHER, 1992,S.759)

Wenn wir uns mit Projektions- und Abwehrprozessen gegenüber Fremden auseinandersetzen, dann sollten wir uns auch immer klarmachen, auf welche Haltungsanteile an diesen sich unsere Projektionen richten, wie diese Haltungen aus dem anderen Lebenszusammenhang zu erklären sind und inwiefern bei der Abwehr auch eigene abgespaltene bzw. unterdrückte Bedürfnisse abgewehrt werden. Wie das möglich ist, soll im folgenden an einem Beispiel dargestellt werden.

In der Übungssequenz werden Körperhaltungen von Frauen und Männern aus Schwarzafrika mit denen verglichen, die Marianne WEX in ihrer Fotostudie "Weibliche und männliche Körpersprache als Folge patriarchalischer Machtverhältnisse" in den siebziger Jahren für unsere Gesellschaft identifiziert hat.(WEX 1980) Beim Nachahmen der Haltungen können die TeilnehmerInnen am eigenen Leibe erfahren, welche Bewegungsspielräume dem Körper jeweils gegeben werden, welche Körpererlebnisse dabei möglich bzw. nicht mehr möglich sind und welche soziale und psychische Funktion die jeweiligen Körperhaltungen haben. Dabei kann auch deutlich werden, daß die beweglicheren Haltungen der schwarzafrikanischen Frauen und Männer eine Provokation darstellen können für Menschen, die starre geschlechtspezifische Körperhaltungen zur Aufrechterhaltung der eigenen Identität und Macht brauchen: sie erinnern an verlorengegangene bzw. abgespaltene Bedürfnisse, machen Angst oder neidisch.

2.1 Stehhaltungen

1. Die TeilnehmerInnen stehen im Kreis. Der/die SpielleiterIn erklärt und demonstriert die Haltungen, die dann von den TeilnehmerInnen nachgeahmt werden. Dabei achten sie auf das Körpergefühl.

- Frauen in Schwarzafrika

Bein und : Füße hüftbreit auseinander, die ganze Fußsohle berührt den Boden, die Knie leicht gebeugt.

Kopf- und Rumpfhaltung: Kopf aufgerichtet (er trägt einen Gegenstand: Korb, Kissen u.a.), Oberkörper gerade, leichtes Hohlkreuz (Vorstellung: ein Kind auf dem Rücken tragen), im Becken beweglich.

Arm- und Handhaltung: Gegenstand auf dem Kopf mit einer Hand abstützen, die andere Hand zur Unterstützung an der Hüfte.

- **Frauen in Deutschland (nach WEX)**

Bein- und Fußhaltung: Füße dicht nebeneinander, Fußspitzen nach vorn oder: eine Fußspitze nach vorn und die andere nach innen. Knie durchgedrückt oder: Standbein-Spielbein-Postition: ein Knie berührt leicht angewinkelt das andere Bein, wobei die eine Fußspitze meist nach innen zeigt.

Kopf- und Rumpfhaltung: Hüfte leicht versetzt, Kopf gerade oder leicht zur Seite geneigt, Schulter leicht angehoben.

Arm- und HandFußhaltunghaltung: Eine Hand umfaßt das Handgelenk des anderen Arms oder eine Hand an Kinn, Mund oder Haaren, während der andere Arm angewinkelt wird.

2. Die TeilnehmerInnen beschreiben und vergleichen die Stehhaltungen und die entsprechenden Körperempfindungen.

- **Männer in Schwarzafrika**

Bein- und Fußhaltung: Füße hüftbreit auseinander, Fußspitzen nach außen, Knie leicht gebeugt und federnd. Oder: Standbein-Spielbein-Position, die Füße hüftbreit auseinander.

Kopf- und Rumpfhaltung: Kopf beweglich, Hüfte leicht abgeknickt.

Arm- und Handhaltung: Arme hängen locker am Körper, leicht angewinkelt, sehr beweglich; oder ein Arm wird auf die abgeknickte Hüfte gestützt.

- **Männer in Deutschland (nach WEX)**

Bein- und Fußhaltung: Füße schulterbreit auseinander, Zehenspitzen nach außen, eventuell von den Zehenspitzen auf die Fersen wippend, Knie durchgedrückt.

Kopf- und Rumpfhaltung: Kopf gerade oder erhoben, Oberkörper gerade oder leichtes Hohlkreuz, Becken fixiert.

Arm- und Handhaltung: Arme vor der Brust verschränkt (evtl. Bauch als "Ablage"), in die Hüften gestemmt, hinter dem Rücken verschränkt oder leicht angewinkelt, wobei die Hände sich in der Höhe des Geschlechts fassen.

3. Die TeilnehmerInnen beschreiben und vergleichen die männlichen und die weiblichen Stehhaltungen und die entsprechenden Körperempfindungen.

2.2 Gehhaltungen

1. Der/die SpieleiterIn erklärt und demonstriert die Gehhaltungen. Die TeilnehmerInnen gehen anschließend mit der entsprechenden Haltung durch den Raum. Dabei achten sie auf die Empfindungen, die die Bewegung bei ihnen auslösten.

- **Frauen in Schwarzafrika**

Hauptbewegungszentrum ist das Becken, die Hände können das Becken beim Schwungholen für jeden Schritt unterstützen. Die Füße werden hüftbreit mit der ganzen Sohle aufgesetzt. Die Bewegung wird langsam ausgeführt, der Kopf ist aufgerichtet (er trägt eine Last), die Vorstellung vom Kind auf dem Rücken macht ein leichtes Hohlkreuz nötig. Eine Hand in der Hüfte stützt die Bewegung.

- **Frauen in Deutschland (nach WEX)**

Füße werden voreinander gesetzt, wobei die Fußspitzen nach vorne zeigen: "auf einem Strich gehen". Becken bewegt sich hin und her. Arme eng am Körper, eventuell eine Tasche in der einen Hand. Auch: die Arme eng vor dem Bauch verschränkt.

2. Die TeilnehmerInnen beschreiben und vergleichen die Gehhaltungen der Frauen.

- **Männer in Schwarzafrika**

Füße hüftbreit auseinander, Knie leicht gebeugt, die Bewegung erfolgt aus dem Becken. Das Knie des Spielbeins wird hochgezogen, während das des Standbeins weich nachgibt, wobei der Rücken sich leicht rundet. Die Arme pendeln locker mit.

- **Männer in Deutschland (nach WEX)**

Die Füße werden hüftbreit mit den Fußspitzen nach außen gesetzt. Das Becken bleibt starr. Die Arme werden leicht angewinkelt, die Ellenbogen nach außen gedrückt, die Handflächen zeigen nach hinten.

3. Die TeilnehmerInnen beschreiben und vergleichen die Gehhaltungen der Frauen und der Männer.

2.3 Sitzhaltungen

1. Die TeilnehmerInnen sitzen im großen Kreis. Der/die SpielleiterIn erklärt und demonstriert die Sitzhaltungen. Die TeilnehmerInnen ahmen diese nach und achten dabei auf ihr Körpergefühl.

- **Frauen in Schwarzafrika**

Die Frauen sitzen auf dem Fußboden mit ausgestreckten Beinen, die Beine parallel oder beim Arbeiten weiter geöffnet. Der Oberkörper ist aufgerichtet. Alternative: am Boden auf den ganzen Fußsohlen hocken. Oder: auf einem Stuhl bzw. Hocker sitzen: die Füße hüftbreit auseinander, die Füße mit Bodenkontakt, Arme leicht angewinkelt, Hände liegen locker auf den Oberschenkeln.

- **Frauen in Deutschland (nach WEX)**

Beine und Füße stehen geschlossen nebeneinander, Fußspitzen zeigen nach vorne (eine zeigt evtl. nach innen). Knie zusammen. Hände liegen im Schoß, auf den Knien, oder ein Unterarm liegt angewinkelt über dem Bauch, während die andere Hand den Kopf stützt oder an das Kinn oder den Mund faßt. Weitere Möglichkeit: Die Beine werden eng übereinandergeschlagen.

2. Die TeilnehmerInnen beschreiben und vergleichen die Sitzhaltungen der Frauen unter besonderer Berücksichtigung des Körpergefühls.

- **Männer in Schwarzafrika**

Füße schulterbreit auseinander, Ellenbogen auf die Oberschenkel gestützt, Unterarme beweglich. Oder: Oberkörper hinten angelehnt, Hände liegen locker auf den Oberschenkeln. Weitere Haltungen: Oberkörper nach hinten angelehnt, Beine gerade ausgestreckt, Arme verschränkt. Oder: Auf dem Boden sitzend, Füße nah am Körper aufgestellt, Beine leicht geöffnet, Arme locker auf den Knien. Oder: Schneidersitz, Unterarme auf den Oberschenkeln.

- **Männer in Deutschland (nach WEX)**

Füße schulterbreit auseinander, Fußspitzen nach außen, Hände auf die Oberschenkel gestützt, oder eine Hand stützt den Kopf, Ellenbogen auf dem Oberschenkel, der andere Arm liegt quer. Oder: Beine breit, ein Fuß liegt auf dem anderen Oberschenkel. Oder: Beine ausgestreckt, Füße auseinander oder gekreuzt, Arme verschränkt vor dem Bauch. Oder: Arme liegen angewinkelt auf den Oberschenkeln, Hände verschränkt, die aneinandergedrückten Daumen weisen nach oben.

3. Die TeilnehmerInnen beschreiben und vergleichen die Sitzhaltungen der Frauen und Männer und die damit verbundenen Spielräume und Körpergefühle.

3 IN DER FREMDE

Vorstellungen vom Leben der AusländerInnen/Flüchtlinge/AsylbewerberInnen in Deutschland

Die Vorstellungen, die wir uns vom Leben der Flüchtlinge hier in Deutschland machen, sind oft sehr allgemein und von Vorurteilen durchsetzt. Je weniger Kontakt wir mit den Menschen haben, umso mehr sind wir auf Informationen aus den Medien (Fernsehen, Zeitungen, Bücher) angewiesen, die wir - den eigenen Bedürfnissen und Interessen entsprechend - selektiv rezipieren. Dabei bleiben in der Regel sensationelle Details haften. Mit dem öffentlichen Interesse, das die Medien AusländerInnen zukommen lassen, verändern sich häufig Wahrnehmung und Wissen. Wie wenig wir in der Regel vom tatsächlichen Leben der Menschen hier im Lande wissen, sollen sich die TeilnehmerInnen bei der folgenden szenischen Improvisation bewußt machen. Dabei kann das Interesse wachgerufen werden, mehr über die tatsächlichen Lebensbedingungen erfahren zu wollen. Die TeilnehmerInnen sollen in Kleingruppen Szenen entwickeln und vorspielen, die nach ihrer Meinung charakteristisch sind für das Leben von AusländerInnen/Flüchtlingen/AsylbewerberInnen in Deutschland. Um das Sprachproblem auszuschalten und gleichzeitig für die Bedeutung und Wirkung der körperlichen und gestischen Kommunikation zu sensibilisieren, sollen als Sprache Zahlen verwendet werden. Die Personen kommunizieren miteinander, indem sie fortlaufend zählen: bei der Zahl 30 ist die Szene beendet. Die BeobachterInnen sollen aus dem Verlauf der Szene erschließen können, um was für eine Situation es ging und worüber gesprochen wurde.

1. Die TeilnehmerInnen bilden Dreiergruppen. Jede Gruppe überlegt sich eine Situation, von der sie glaubt, daß sie für den Alltag von Flüchtlingen in Deutschland charakteristisch ist.

2. Die Gruppen bereiten sich auf das Spiel der Szene vor. Sie überlegen sich, ***wo*** *(an welchem Ort) die Szene spielen soll,* ***wann*** *(zu welchem Zeitpunkt: Tageszeit, Jahreszeit)* ***was*** *geschieht,* ***welche Personen*** *beteiligt sind, was diese mit welchen* ***Intentionen*** *und* ***Empfindungen tun*** *und* ***sagen****. Um die Aufmerksamkeit auf den Sprechgestus und die durch diesen und die Körperhaltungen sichtbar werdenden Beziehungen zu lenken, soll nicht die natürliche Sprache verwendet werden, sondern mit* ***Zahlen gesprochen*** *werden - fortlaufend von 1-30. Die Szenen müssen also von den Handlungen her so deutlich dargestellt werden, daß die BeobachterInnen erkennen können, um was für eine Situation es sich handelt und worüber gesprochen wird.*

3. Die Szenen werden nacheinander vorgespielt. Zunächst wird der Ort aufgebaut. Dann begeben sich die SpielerInnen dorthin, wo sie sich vor Beginn der Szene aufhalten. Dann wird die Szene gespielt, wobei die SpielerInnen fortlaufend mit Zahlen sprechen. Ist die Zahl 30 erreicht, gilt die Szene als beendet.

4. Nach jedem Spiel deuten die BeobachterInnen die Szene: Sie identifizieren die Alltagssituation und versuchen zu klären, worüber die Personen konkret gesprochen haben. Die SpielerInnen sagen anschließend, was sie darstellen wollten.

5. Die BeobachterInnen zeigen und diskutieren mit Statuen die Beziehungsstruktur zwischen den Personen.

Situationen und Haltungen von FlüchtlingssozialarbeiterInnen:

1. *Am Tor der ZAST:* Zwei Flüchtlinge gehen im Gespräch durch das Tor, werden vom Pförtner aufgehalten und kontrolliert.
Beziehungsstatue: Pförtner rigoros dominant, ein Flüchtling verständnislos, der andere ängstlich.

2. *Wohnungsamt:* Eine Flüchtlingsfrau steht verzweifelt vor der Beamtin: sie hat für sich und die Familie keine Wohnung. Die Beamtin weist sie zurück, während die Tochter, die etwas Deutsch kann, versucht, zwischen den beiden Frauen zu vermitteln.
Beziehungsstatue: Beamtin wehrt die bittende Frau ab und zeigt auf die Tochter.

3. *Schwangerschaftsberatung:* Die Flüchtlingsfrau sitzt der Beraterin gegenüber, den Kopf leicht gesenkt. Der neben ihr sitzende Mann der Frau erklärt, daß die Frau schanger sei. Die Beamtin gibt ihm ein Formular und erklärt, wie es auszufüllen ist.
Beziehungsstatue: Mann und Beamtin kommunizieren symmetrisch, während die schwangere Frau ausgeblendet bleibt.

4. *Ankunft im Lager:* Zwei Frauen stehen vor einer Beraterin, die ihnen erklärt, was sie in der ZAST zu tun haben: die Beraterin erklärt einfühlsam

die Einweisungskarte und den Weg. Die eine Frau hört ihr aufmerksam zu, während die andere verschüchtert schweigt.

5. *Flüchtlingssozialarbeiterinnen bei der Supervision:* Drei Frauen sitzen am Tisch. Die eine berichtet über einen Vorfall, sie ist ratlos. Die anderen überlegen, machen Vorschläge. Zum Schluß hat eine Frau eine gute Idee...

6. *Besuch bei Flüchtlingsfamilie:* Eine Sozialarbeiterin kommt, um eine Flüchtlingsfamilie kennenzulernen. Der Mann übernimmt sofort das Gespräch, die Frau schweigt verängstigt.

4 REAKTIONEN AUF FREMDE

Haltungen bei der Konfrontation mit Fremden

Einstellungen und Gefühle zeigen wir in der Regel über Körperhaltungen, Gestik, Mimik und Intonation. In Situationen, in denen die sprachliche Verständigung schwierig ist, werden Körperhaltungen gelesen und interpretiert. Bei der Begegnung mit Fremden werden wir häufig mit Situationen konfrontiert, auf die sie und wir nicht vorbereitet sind. Welche Haltungen zeigen wir und wie können sie vom anderen gedeutet werden?

Mit der folgenden Übung können Haltungen sichtbar gemacht werden, mit denen die TeilnehmerInnen auf AusländerInnen in unterschiedlichen Situationen reagieren:

1. Fünf TeilnehmerInnen gehen nach vorne und stellen sich nebeneinander auf.

2. Ein(e) TeilnehmerIn aus der BeobachterInnengruppe nennt eine Situation. Die vorne Stehenden nehmen die Haltung ein (und erstarren in ihr), mit der sie in dieser Situation reagieren würden.

3. Der/diejenige, der/die die Situation genannt hat, tauscht mit einem/r DarstellerIn den Platz, und ein(e) andere(r) nennt eine Situation usw.

Haltungen von FlüchtlingssozialarbeiterInnen gegenüber Anforderungen von Flüchtlingen:

1. Ein Asylberwerber kommt ins Büro. Er hat kein Geld mehr, braucht aber unbedingt etwas, weil er für seine Kinder etwas kaufen muß.
Reaktion: Schulterzucken; erklärende Gesten.

2. Ein Asylbewerber kommt erregt ins Büro: er hat erfahren, daß er nach Sachsen überwiesen werden soll.
Reaktion: Telefonieren.

3. Ein Asylbewerber kommt ins Büro und erklärt, daß ihm das Gepäck gestohlen wurde.
Haltung: Telefonieren.

4. Asylbewerber kommt und erklärt, daß er krank sei und kein Platz im Krankenhaus für ihn sei.
Reaktion: hilflos, Telefonieren.

5. Ein minderjähriges Flüchtlingskind, das seine Eltern verloren hat, kommt allein ins Büro.
Reaktion: Runterbeugen, Streicheln, Hand auf die Schulter.

6. Asylbewerber kommt ins Büro: seine Mutter sei krank, er müsse unbedingt nach Hause.
Reaktion: Telefonieren.

7. Asylbewerber kommt ins Büro: er will seinen Bruder in Hannover besuchen. Hannover liegt außerhalb des Bezirks.
Reaktion: Telefonieren.

8. Eine Roma-Frau kommt mit ihren drei Kindern und erzählt, daß ihr Mann in Haft genommen wurde.
Reaktion: Schulterzucken, Hände bedauernd erhoben.

9. Es ist Beratungsschluß: ein Kind ist übriggeblieben, wird nicht abgeholt.
Reaktion: das Kind in den Arm nehmen, streicheln.

10. Asylberwerber will Pampers für seinen fünfjährigen Sohn, aber für Fünfjährige gibt es keine Pampers mehr.
Reaktion: Erklärende Gesten, Zurückweisende Gesten.

11. Eine neue Familie ist eingetroffen und erklärt, daß ein Kind in der Heimat zurückgeblieben ist.
Reaktion: Hilfloses Stehen.

12. Eine Familie mit 7 Kindern kommt. Der Vater erklärt, daß er einen Asylantrag gestellt habe, die Familie solle aber innerhalb einer Woche ausreisen.
Reaktion: Erklären, Telefonieren.

13. Hausbesuch bei einer Roma-Familie, der du beibringen sollst, wie man eine Toilette benutzt.
Reaktion: Zeigegestus, Demonstration.

14. Eine Familie kommt ins Büro und schimpft, weil du nichts für sie getan hast.
Reaktion: Abwehrende Gesten.

15. Ein Analphabetenkurs für Frauen. Ein Mann taucht auf und erklärt, daß seine Frau nicht kommen kann, weil sie die Kinder versorgen muß.
Reaktion: Gesten des Erklärens.

16. Beim Hausbesuch liegt eine Frau krank im Bett. Sie kann nur wenig Deutsch. Wie vermittelst du dich?
Reaktion: Sich an das Bett setzen, die Frau beruhigen.

17. Ein Asylbewerber sitzt in Untersuchungshaft. Seine Frau und die Kinder kommen und berichten, daß sie in eine entfernt liegende Gemeinde eingewiesen werden sollen.
Reaktion: Telefonieren.

18. Eine Frau kommt ins Büro und beklagt sich, daß ihr Mann sie jeden Abend verprügelt.
Reaktion: Aufmerksam zuhören, Telefonieren.

4. Die TeilnehmerInnen sprechen über die Haltungen, die sie häufiger beobachtet haben:

Reaktionen von FlüchtlingssozialarbeiterInnen:

Es wird festgestellt, daß Haltungen der Hilflosigkeit überwiegen. Diese Gesten seien auch Ausdruck der Tatsache, daß sie viele Fragen nicht beantworten könnten und daß sie darum wüßten. Diese Gesten/Haltungen wirken von außen häufig wie Abwehrgesten. Auffällig darüber hinaus ist der Griff zum *Telefon:* nicht nur, daß sie sich in den meisten Fällen informieren müssen, der Griff zum Telefon signalisiert den Flüchtlingen, daß sie überhaupt etwas täten. Die gleiche Funktion habe auch das *Suchen in Papieren.* In den meisten Situationen gingen die SozialarbeiterInnen auf Distanz. *Körperliche Nähe* wurde nur dort gezeigt, wo auf der anderen Seite Schwäche vermutet wurde: bei Kindern, bei der kranken Frau.

5 INDIVIDUELLE PROJEKTIONEN

Schwierigkeiten im Umgang mit Fremden

Neben Klischeebildern, Vorurteilen und Stereotypen, die als kollektive Muster der Erfahrungsorganisation, der Verhaltensorientierung oder der Angstabwehr verstanden werden können, gibt es natürlich aufgrund unterschiedlicher Sozialisationsprozesse auch **individuelle Formen der Projektion und Abwehr**. Diese können untersucht werden, wenn Situationen, in denen TeilnehmerInnen Schwierigkeiten hatten, sich gegenüber AusländerInnen zu verhalten, **mit Hilfe von Standbildern rekonstruiert** und gedeutet werden. Im Standbild wird die erlebte Szene zunächst gestisch dargestellt und fixiert, bevor sie anschließend - durch Impulse des/der Spielleiters/in angeregt - von dem/der ErbauerIn (ProtagonistIn) **szenisch interpretiert** wird. Danach versuchen die BeobachterInnen, die von ihnen wahrgenommenen Übertragungs- und Abwehrprozesse zu beschreiben und die Verhaltensschwierigkeiten vor dem Hintergrund lebensgeschichtlich erworbener bzw. institutionell produzierter Bedürfnisse und Verhaltensweisen zu erklären. Schließlich suchen alle gemeinsam nach alternativen Möglichkeiten des Verhaltens in der untersuchten Situation.

Bei der Arbeit geht es für die ProtagonistInnen darum zu begreifen, welche eigenen Anteile (Gefühle, Wünsche, Phantasien, Verhaltensweisen) sie in die Situation einbringen, dort aktivieren und an den AusländerInnen abwehren und welche Verhaltensschwierigkeiten durch die Vermischung des Eigenen mit dem Fremden entstehen. Das einfühlsame Feedback durch die anderen und das Entwerfen von Verhaltensalternativen können helfen, Gefühle und Bedürfnisse besser zu erkennen, zu akzeptieren und ihnen den Raum zu verschaffen, den sie brauchen. So kann verhindert werden, daß Enttäuschungen destruktiv gegen sich und andere (z.B.AusländerInnen) gewendet werden (müssen).

1. Die TeilnehmerInnen erinnern sich an Situationen, in denen sie Schwierigkeiten hatten, sich gegenüber einem oder mehreren Flüchtling(en) (AusländerInnen) zu verhalten.

2. Nacheinander bauen und interpretieren die TeilnehmerInnen ihre Situation mit Hilfe eines Standbildes. Dabei gehen sie in folgenden Schritten vor:

a) Bauen des Standbildes:

- *Zunächst suchen sie sich aus der Gruppe der TeilnehmerInnen diejenigen aus, die durch äußere Merkmale(Gestalt, Gesicht, Haare) den Personen ähneln, die in der erlebten Szene eine Rolle gespielt haben, und holen diese nach vorne.*
- *Dann bringen sie diese in die Position, in der sie in der Szene gewesen sind, und formen sie mit den Händen (wie eine Gliederpuppe) so lange, bis ihre Haltungen und Beziehungen im Raum dem Bild entsprechen, das die Szene in ihnen zurückgelassen hat. Zum Schluß bauen sie eine(n) TeilnehmerIn in der Position und Haltung auf, die sie selbst in der Situation eingenommen haben.*
- *Beim Bauen des Standbilds wird nicht gesprochen. Haltungen werden auch nicht vorgemacht: Körperhaltungen und Gestik werden mit den Händen modelliert. Lediglich die Mimik wird vorgemacht und auf ein Zeichen des/der Standbild-Erbauers/in eingefroren. Außer bei der Nachahmung der Mimik bleiben die TeilnehmerInnen, die geformt werden, passiv: sie halten nur wie bewegliche Puppen die Haltung, die Geste und die Mimik fest, die ihnen gegeben werden.*
- *Ist das Standbild fertig, legt die/der Erbauer/in die Perspektive fest, aus der es gesehen werden soll, d.h. er/sie sagt, wo er/sie sich im Bild befindet. Der/die SpielleiterIn fordert dann die BeobachterInnen auf, sich das Bild aus dieser Perspektive anzuschauen.*

b) Deuten des Standbildes durch den/die ProtagonistIn:

- *Der/die ProtagonistIn deutet die Situation aus seiner/ihrer Perspektive mit Hilfe des/der SpielleiterIn: Zunächst beschreibt er/sie die Situation von außen: Wo zu welchem Zeitpunkt hat er/sie die Situation erlebt? Um was ging es? Wer war daran beteiligt? Worin bestand die Schwierigkeit?*
- *Danach fordert der/die SpielleiterIn den/die ProtagonistIn auf, sich seitlich hinter die Person zu stellen, die sie/ihn selbst darstellen, dieser die Hand auf die Schulter zu legen und in der Ichform zu sagen, was gerade in ihr/ihm vorgeht. Der/die SpielleiterIn hilft dabei durch Frageimpulse: Was ist gerade los? Was geht dir durch den Kopf? Was ist mit den anderen da drüben? Wie deutest du ihre Haltungen? Wie sind deine Gefühle in der Situation? Wo sitzen diese in deinem Körper?*

- *Um die Projektion auf die anderen Personen herauszuarbeiten, fordert der/die SpielleiterIn dann den/die ProtagonistIn auf, sich nacheinander hinter die anderen Personen im Bild zu stellen, ihnen die Hand auf die Schulter zu legen und zu sagen, was diese nach seiner/ihrer Meinung in der Situation gerade denken. Wurde in der Situation ein Gespräch geführt, kann der/die ProtagonistIn im Wechsel hinter die GesprächspartnerInnen treten und die jeweiligen Äußerungen möglichst mit entsprechender Intonation aussprechen, wobei er/sie immer auch die jeweiligen Gedanken und Gefühle der Personen aussprechen kann.*
- *Die von dem/der SpielleiterIn gesteuerte Interpretation der Situation wird abgebrochen, wenn deutlicher geworden ist, welche psychischen Prozesse in der Szene die Verhaltensschwierigkeiten des/der ProtagonistIn bewirken.*

c) Feedback und Deutung der Szene durch die BeobachterInnen:

- *Die BeobachterInnen, die den Interpretationsprozeß von außen beobachtet haben, versuchen vor dem Hintergrund der eigenen Erfahrungen zu beschreiben, worin die Schwierigkeiten des/der ProtagonistIn beim Umgang mit den Flüchtlingen (AusländerInnen) in dieser Situation gelegen haben und welche Wünsche, Bedürfnisse und Übertragungen dabei eine Rolle gespielt haben können. Während dieses Feedbacks, bei dem der/die SpielleiterIn darauf achten muß, daß auf Kritik und gute Ratschläge verzichtet wird, hört der/die ProtagonistIn zu.*
- *Erst wenn alle ihre Wahrnehmungen und Interpretationen zusammengetragen haben, äußert sich der/die ProtagonistIn zu dem, was er/sie über sich erfahren hat.*

d) Sammeln von alternativen Verhaltensmöglichkeiten:

Alle suchen gemeinsam nach Möglichkeiten, mit der dargestellten Situation umzugehen. Dabei muß der/die SpielleiterIn darauf achten, daß die TeilnehmerInnen immer von sich und ihren Verhaltensvorstellungen und Verhaltensweisen sprechen und keine normativen Forderungen stellen. Die Vorschläge der anderen helfen dem/der ProtagonistIn, die Fixierung an ein bestimmtes Verhalten aufzulösen und die Phantasie für alternative Möglichkeiten zu öffnen. Ob er/sie sein/ihr Verhalten tatsächlich verändern kann (und will), muß er/sie selbst entscheiden und erproben.

Schwierigkeiten im Umgang mit Flüchtlingen bei Flüchtlingssozialarbeiterlnnen:

1. *Standbild:* Ein Mann sitzt M. seitlich gegenüber an einem Tisch in ihrem Büro. Er hat seinen Kopf in den Händen vergraben und weint, weil er endgültig abgeschoben werden soll. M. sitzt hilflos da, die Hände vor sich auf dem Tisch liegend, sagt sie immer wieder: "Es ist leider nichts zu ändern". Sie kämpft gegen die eigene Depression und Hilflosigkeit an.

Feedback: M. ist mit einer Haltung konfrontiert, die ihr die eigene Situation spiegelt: Hilflosigkeit, Ratlosigkeit, Traurigkeit bis zur Depression. Das macht Angst, lähmt, führt zu keinem Ergebnis: sie findet keinen Weg, sich aus der Situation zu befreien.

Verhaltensmöglichkeiten:
- Die eigenen Gefühle zulassen: weinen, mittrauern; versuchen, die Hilflosigkeit nicht am anderen abzureagieren.
- Den Mann nicht in den Arm nehmen: es ist nicht klar, ob das in der anderen Kultur akzeptiert wird.

2. *Standbild:* Eine Frau aus Kosovo sitzt S. erregt mit erhobenen Händen gegenüber - wie auf dem Sprung: Ein Teil ihrer Familie wurde verlegt, jetzt fordert sie Geld, um etwas für ihre Kinder zu kaufen. Sie besitzt kein Geld mehr, weiß nicht, woher sie es nehmen soll und fordert erregt immer wieder, daß die Sozialarbeiterin etwas tun solle. S. sitzt ihr mit leicht erhobenen Händen gegenüber und erklärt äußerlich ruhig mit ärgerlichem Unterton immer wieder, daß sie aufgrund der Gesetzeslage nichts für sie tun könne. Innerlich ist sie ärgerlich und wütend, weil die Albanerin auf sie wütend ist und ihre Argumente nicht gelten läßt. Der Dialog dauert, wiederholt sich, läßt sich nicht beenden.

Feedback: S. möchte helfen und möchte akzeptiert werden, deshalb kann sie die Wut der Kosovo-Albanerin nicht ertragen: sie erlebt diese als Ablehnung. Sie wird von dieser Frau mit der Wut konfrontiert, die ihr die eigenen Haltung zurückspiegelt: sie kann nicht helfen. S. kann ihre widersprüchliche Rolle und die damit verbundenen Konflikte nicht aushalten: sie provozieren bei ihr Schuldgefühle und Versagensängste. Deshalb sind ihre Reaktionen der Albanerin gegenüber unklar und können von dieser in der Weise gedeutet werden, daß sie nichts machen will.

Verhaltensmöglichkeiten:

- SozialarbeiterInnen müssen lernen, mit dem Widerspruch zu leben und ihn auszuhalten, daß sie als Angestellte staatlicher Institutionen Haltungen und Gefühle provozieren, die im Gegensatz zu den eigenen Wünschen stehen. Man sollte lernen, den Konflikt auszuhalten und ihn nicht gegen sich selber zu wenden. Eine Teilnehmerin erzählt, daß sie zuhause einen Wutraum und einen Wutball habe. Wenn es schlimm gelaufen sei, ziehe sie sich abends zurück, brülle, schreie, heule, um die Wut rauszulassen über das, was sie erlebt habe.

- Solche schwierigen (d.h. auch unaushaltbaren) Situationen auflösen und den Vorschlag machen, sich entweder über etwas anderes zu unterhalten oder sich am nächsten Morgen noch einmal zu treffen. Im nächsten Gespräch sollte man dann in der Aussage deutlich sein: "Ich verstehe dich ja, aber es geht nicht...". Die Klarheit hole sie sich - so eine Sozialarbeiterin - dadurch, daß sie sich zuhause eine Institutionskarte anschaue und sich klarmache, an welcher Stelle sie stehe...

3. *Standbild:* Die Situation spielt im Krankenhaus: die Frau, eine Jugoslawin, hockt im Bett, ihr müder Blick ist nach unten gerichtet. Ihr Mann steht neben dem Bett und hält ein Kind auf den ausgestreckten Armen. Die Sozialarbeiterin steht ihm gegenüber, hat die Hände gehoben, will ihm etwas klarmachen. Die Frau hat gerade ein Kind bekommen. Das Kind hat Gelbsucht und muß im Krankenhaus bleiben. Der Mann kommt und fordert, daß die Frau zu ihm und ihrer Familie ins Heim zurückkommt, weil sie sich um die Kinder kümmern soll. Die Sozialarbeiterin hat versucht, ihm klarzumachen, daß er diese Aufgabe übernehmen solle, während sich die Frau im Krankenhaus aufhält. Der Mann lehnt ab. Während G. ihn noch einmal zu überzeugen versucht, denkt sie: Wie der schon das Kind hält, wie ein Ding. Er kann damit nicht umgehen, er will die Arbeit loswerden. Als der Mann wieder abwehrt, phantasiert sie wütend: "Der blöde Kerl, ich möchte ihn anbrüllen." Stattdessen geht sie und versucht, für das andere Kind einen Platz im Krankenhaus zu organisieren. Das gelingt nicht. Der Mann: "Ich habe das ja gleich gesagt!"

Feedback: G. ist mit dem Verhalten eines Mannes konfrontiert, das sie wütend macht, aber sie wagt nicht, ihm das direkt ins Gesicht zu sagen. Sie identifiziert sich mit der Frau und bemüht sich, für das Kind, um das er sich nicht kümmern will, zu sorgen. Als ihr das nicht gelingt, fühlt sich der

Mann bestätigt. G. ist beschämt und kann ihren Ärger nur bei sich behalten bzw. muß ihn gegen sich selbst wenden.

Verhaltensmöglichkeiten:

- Die Identifikation mit der Frau ist verständlich, hat aber ihre Grenzen: Eine Sozialarbeiterin kann nicht als Stellvertreterin für eine andere Frau gegen deren Mann kämpfen: Die Frau muß selber entscheiden, selbst ihren Weg gehen, sich selbst emanzipieren.

- Eine Entlastung kann sein, dem Mann die Wut über sein Verhalten zu zeigen, sich von ihm zu distanzieren und in Interesse der Frau und der Kinder zu handeln. Eine Sozialarbeiterin: "Ich versuche zu trennen: Wenn ich Wut auf den Mann habe, sage ich ihm, daß ich ihn und sein Verhalten ablehne und daß er mir aus dem Weg gehen solle. Gleichzeitig mache ich meine Arbeit im Interesse der Frau und der Kinder."

4. *Standbild:* W. kommt in einen Raum und ist mit der Situation konfrontiert, in der ein Kosovo-Albaner auf seine Frau einschlägt: die Hand erhoben, leicht vorgebeugt steht er mit verzerrtem Gesicht, während die Frau vor ihm mit gesenktem Kopf, über dem sie die Hände zum Schutz gehalten hat, zusammengeduckt die Züchtigung über sich ergehen läßt. W. greift dem Mann in den Arm und spricht ihn an: "Das kommt nicht in Frage." Der Mann reagiert empört. Der Sozialarbeiter kann erreichen, daß sich Mann und Frau setzen; er selbst setzt sich in die Mitte. Er versucht den Mann sprachlich zu beruhigen, dieser schreit ihn aber an.

Feedback: W. fühlt sich verunsichert, greift ein, hat aber gleichzeitig das Gefühl, daß ihn der Konflikt zwischen dem Mann und seiner Frau nichts angeht. Er löst die Prügelsituation auf, um den Hausfrieden herzustellen, hat aber das Gefühl, eigentlich nur äußerlich zu reagieren. Deshalb wirkt sein körperliches und sprachliches Eingreifen ein wenig hilflos, nur halb engagiert.

Verhaltensmöglichkeiten:

- Spontanes Dazwischengehen ist die einzige Möglichkeit: als SozialarbeiterIn hat man Macht (oder zumindest wird sie einem zugeschrieben), die kann man nutzen, um die Leute auseinanderzubringen. Als Frau kann man häufig nur schreien und den Mann darauf aufmerksam machen, daß Körperverletzung in Deutschland bestraft wird. Für die Frau kann man nur schwer Partei ergreifen, weil man dann die Wut des Mannes provoziert. Die Frau ist Hierarchie und Strafe gewohnt. Veränderungen im Verhalten zwischen Mann und Frau können nur über längerfristige Kontakte bewirkt werden.

G. erzählt, daß sie einmal dazugekommen sei, als ein Onkel seinen Neffen (ein Kind) mit einem Kabel geschlagen hat. Sie habe laut und bestimmt gesagt: "So geht das nicht." Der Mann habe von dem Kind abgelassen, sie habe sein Unrechtsbewußtsein angesprochen. Ein Dazwischengehen bei Prügelleien könne man sich nur trauen, wenn es um Auseinandersetzungen zwischen Männern und Frauen, Eltern und Kindern geht. Ein Eingreifen in den Konflikt zwischen Männern könne man sich nicht erlauben.

5. *Standbild:* A. steht in ihrem Büro. Zwei Männer kommen mit erhobener Faust auf sie zu, mit erregten und wütenden Gesichtern. A. steht ihnen in einiger Entfernung mit demonstrativer Abwehrhaltung gegenüber: die Beine breit, Kopf erhoben, die eine Hand in der Hüfte, mit dem anderen ausgestreckten Arm zur Tür zeigend. Die Männer beschweren sich, daß sie abgeschoben wurden. A. reagiert mit fester Stimme: "Geht raus." Gleichzeitig ist sie ärgerlich, daß sie sich so verhalten muß.

Feedback: A. erlebt diese Situation als problematisch, weil sie eine Haltung als Überlebensstrategie einnehmen muß, die sie nicht mag. Sie mag nicht autoritär, abweisend und wütend sein. Im Gegenteil: sie wünscht sich Nähe, Wärme, Verständnis. Diese Wünsche werden mehrmals am Tag durch den Zwang gekränkt, Menschen abzuwehren. Darunter leidet sie.

Verhaltensmöglichkeiten:

- Das Problem besteht darin, daß SozialarbeiterInnen mit der Tatsache fertig werden müssen, daß sie in der ZAST RepräsentantInnen einer totalen Institution sind und als solche von den Flüchtlingen wahrgenommen werden. Muß A. die autoritäre Haltung einnehmen, ertappt sie sich als Repräsentantin dieser Institution, die sie von ihrem Selbstverständnis her nicht sein möchte. Sie muß, solange sie die Arbeit in der ZAST macht, lernen, diese Haltung als Teil ihrer Tätigkeit zu akzeptieren.

6. *Standbild:* Die Szene spielt sich auf dem Flur der Justizvollzugsanstalt ab: 6 ausländische Männer drängen die Sozialarbeiterin, die einen Mann aus seiner Zelle zur Beratung abholen will, in die Enge vor der Tür, stehen

mit bedrohlicher Haltung und grinsend um sie herum. Einer sagt: "Jetzt haben wir dich. Du wirst mit uns schlafen." Die Sozialarbeiterin macht sich klein, tut, als ob sie nicht versteht, versucht zu lächeln, in panischer Angst. Ein anderer Mann sagt: "Hier ist das schöner als in Hannover.", was die Sozialarbeiterin im Kopf ergänzt: "Hier gibt es Frauen im Knast". Im letzten Moment gelingt es der Sozialarbeiterin, die Tür hinter sich aufzuschließen und zu entfliehen. Im Anschluß an das Ereignis geht sie zum Aufseher und sagt diesem, daß sie in den Flur nicht mehr gehen wird. In einem kurzen Gespräch informiert sie die beiden anderen Sozialarbeiterinnen, mit anderen spricht sie nicht, weil das für die Insassen doch nur harte Isolationshaft bedeutet und die Beamten (80 Männer) in der JVA die Frauen sowieso schon immer als Risikofaktor eingeschätzt haben.

Feedback: Die Sozialarbeiterin wagt die Situation nicht zu veröffentlichen, weil darunter die Häftlinge (nur Männer) zu leiden haben. Deshalb geht sie mit ihrer Angst alleine um. Sie weiß, daß ihr die Beamten die Schuld zuschieben würden ("Ihr seid selber schuld", "Ihr seid ein Restrisiko."). Aus Angst vor der Schuldzuweisung können sich die drei Sozialarbeiterinnen nicht öffentlich solidarisieren.

Verhaltensmöglichkeiten:
- Das Ereignis müßte veröffentlicht werden, so daß Maßnahmen getroffen werden können, um die Frauen zu schützen. Bestimmte Aufgaben müssen dann von den Männern übernommen werden. Auf diskriminierende Äußerungen müßten die Frauen gemeinsam offensiv reagieren. Die Frage bleibt, ob sie sich stark genug fühlen, ihre Position durchzuhalten, zumal sie auch gegen sexistische Haltungen der Justizvollzugsbeamten kämpfen müßten.

7. *Standbild:* Eine Frau, die nach langen Versuchen im Sprachkurs etwas gelernt hat, sitzt an einem Tisch über ihre Arbeit gebeugt. Ihr Mann steht daneben, zeigt auf ihr Heft und faßt sich, P. zugewendet, an den Kopf. Die Sozialarbeiterin sitzt am Tisch gegenüber und guckt hilflos zwischen Mann und Frau hin und her. Der Mann bedeutet P., daß seine Frau das gar nicht kann, daß sie nicht ganz richtig im Kopf sei: "Sie ist dumm, sie kann das nicht." Die Frau reagiert resigniert: "Ich war so gut, ich kann das wirklich nicht mehr."

Feedback: Die Sozialarbeiterin versucht, für die Frau zu agieren. Dabei projeziert sie ihre eigenen Wünsche auf diese. Außerdem ist sie ärgerlich auf den Mann, daß er ihre Arbeit (Analphabetisieren) nicht anerkennt. Sie tut nichts gegen den Mann, weil der selber nicht richtig lesen kann. Deshalb ist sie hilflos und blockiert, weiß nicht, wie sie sich verhalten soll. Sie wird von den anderen Frauen "gerettet", die zum Unterricht kommen. Der Mann zieht sich zurück.

Verhaltensmöglichkeiten:

- Es hat wenig Sinn, von Frauen, die unterdrückt werden, Verhaltensweisen zu erwarten, die unserer Kultur entsprechen. In solchen Situationen muß man sich entscheiden: Man kann den Mann rausschicken, er nimmt ja nicht am Unterricht teil. Oder man muß das Thema wechseln und damit die Situation entspannen.

8. *Standbild:* Kramermarkt: ein Bediensteter beim Autoskooter greift einen türkischen Jungen und wirft ihn die Treppe runter. Die Sozialarbeiterin kümmert sich zunächst um den Jungen, dann geht sie zu dem Mann, stellt sich dicht vor ihm hin, die Fäuste geballt, zitternd vor Wut und fodert ihn auf, sein Handeln zu begründen. Der Mann lässig und höhnisch: "Das war doch nur ein Kanacke." Sozialarbeiterin: "Das ist eine unverschämte Brutalität." Der Mann: "Du bist doch auch nur eine Kannackenfrau." Die Sozialarbeiterin möchte zuschlagen, sagt äußerlich beherrscht: "Geben sie mir ihren Namen und ihren Ausweis. Ich werde sie wegen Körperverletzung und Beleidigiung anzeigen." Der Mann wird unsicher, zieht sich zurück, verschwindet. Die Sozialarbeiterin sucht nach ihren Kindern. Während der ganzen Zeit stehen viele Menschen um beide herum, keiner unterstützt sie, keine(r) greift ein. Sie denken, nach Vorstellung der Sozialarbeiterin, Sätze wie: "Was mischt die sich ein.""Der Junge hat da nichts zu suchen." "Die blöde Kuh." "Ich halte mich raus."

Feedback: Die Auseinandersetzung zwischen der Sozialarbeiterin und dem Mann wird vor den Augen einer großen Menschenmenge geführt. Das vergrößert die Angst, aber auch die Notwendigkeit, sich zu wehren. Dabei ist die Sozialarbeiterin einsam, nach außen hin beherrscht: sie muß alleine kämpfen, um zu überleben. Wirkungsvoll ist die Drohung mit der Polizei.

9. *Standbild:* H. bekommt von einer Iranerin Besuch. Er findet die Frau sehr attraktiv. Er geht auf sie zu, streckt ihr die Hand hin, die Frau weist die Hand zurück: "Das ist nicht erlaubt." H. ist irritiert, steht hilflos da, sagt: "Ach, das hab ich nicht gewußt." Er überspielt die Peinlichkeit, indem er auf die Frau einspricht. Später zieht er sich gekränkt zurück.

Feedback: Obwohl H. (wie sich später herausstellt) das traumatische Schicksal der Frau kennt, interessiert sie ihn nur als attraktive Frau, die ihn durch ihre "Abweisung" kränkt. Hätte er nicht erotische Wünsche an sie gehabt, hätte ihn ihr Verhalten nicht gekränkt.

Weitere Standbilder:

10. Ein Flüchtling kommt ins Büro, weint, hat furchtbare Asthmaanfälle. Er klagt über die Polstermöbel in der Wohnung, die seine Anfälle auslösten. Die SozialarbeiterIn erkundigt sich, wie ihm zu helfen ist, und sucht ihn dann am nächsten Tag in seiner Wohnung auf. Der Flüchtling strahlt ihr entgegen und meint, es ginge ihm jetzt gut, solche Anfälle kämen schon mal vor. Vorschläge zur Veränderung seiner Situation greift er nicht auf.

11. In der ZAST werden Sachmittel verteilt. Eine Roma-Familie kommt. Die Mutter wühlt gleich in den Schuhen und will mehrere davon haben. Das Kind will den Ball, der ins Spielzimmer gehört. Der Vater tritt sehr fordernd auf: er verlangt mehr Pampers. Die Sozialarbeiterin versucht klarzumachen, daß die Sachen nur begrenzt abgegeben werden. Schließlich versucht sie, die Familie aus dem Zimmer zu drängen. Der Mann reagiert erregt und wird beinahe handgreiflich.

12. Der Sozialarbeiter kommt in eine Roma-Familie. Die Großmutter will ihm aus der Hand lesen. Eine Tochter findet er sehr attraktiv: er fühlt sich hin- und hergerissen und zieht sich schließlich mit einer Ausrede aus der Situation zurück.

13. Die Sozialarbeiterin besucht eine kurdische Frau und deren Kinder in der Wohnung. Der Mann ist wegen Straftaten in Haft, anschließend droht ihm die Abschiebung. Auch der Frau und den Kindern droht die Abschiebung. Das muß sie ihr klarmachen. Aber die Frau ist Analphabetin, die Übersetzung ist schwierig wegen des Sprachgemischs, das die Frau spricht. Die Sozialarbeiterin weiß nicht, ob sie verstanden wird, ob die Frau die Situation begreift, die ihr erklärt wird. Die Flüchtlingsfrau ist hilflos

und traurig, diese Stimmung überträgt sich zunehmend auf die Sozialarbeiterin.

14. Eine Roma-Frau muß einige Stunden gemeinnützige Arbeit ableisten. Die Sozialarbeiterin hat ihr das erklärt und ist ihr entgegengekommen, da sie zwei kleine Kinder hat. Plötzlich kommt der Roma-Mann ins Zimmer, legt 10 DM auf den Tisch und sagt: "Hier hast du 10 DM, und die Sache ist vergessen." Als die Sozialarbeiterin ablehnt, bietet der Mann zunächst 20, dann 30 und schließlich 50 DM, weil sich die Frau um die Familie kümmern muß.

15. Die Sozialarbeiterin ist von Flüchtlingen umgeben, die alle etwas von ihr wollen. Zwei zerren an ihren Kleidern, vor ihr kniet ein Roma-Mann, der theatralisch etwas von ihr verlangt. Die Sozialarbeiterin bekommt Atemnot und ist stundenlang hinterher noch aufgebracht.

***

Schwierigkeiten im Umgang mit AusländerInnen bei StudentInnen:

1. *Standbild*: Im Zugabteil: Zwei Schwarzafrikaner sprechen gestenreich auf die Studentin ein, die abgewandt mit genervtem Gesicht aus dem Fenster schaut. Die Schwarzafrikaner sind in das Abteil gekommen und haben sie, die sie ihre Ruhe haben wollte, sofort angesprochen, auf englisch, später auch in gebrochenem Deutsch. Die Studentin fühlt sich überfallen, bedrängt, weist die Männer zurück, die das nicht verstehen und weiter auf sie einsprechen. In dem Bemühen, nicht aggressiv zu werden ("Ich will nicht ausländerfeindlich sein") und sich gleichzeitig zu schützen, wendet sie sich ab und blickt aus dem Fenster.

Feedback: Die Studentin interpretiert die Ansprache durch die Afrikaner als Anmache und versucht, diese zurückzuweisen, ohne den Eindruck zu erwecken, sie habe etwas gegen Ausländer. Ihre Haltung wird aber von den Afrikanern, die offensichtlich ein Interesse an der Kommunikation haben, als Bereitschaft verstanden, sich auf das Gespräch einzulassen.

2. *Standbild*: Die Situation spielt in der Hütte eines älteren Ehepaares in Indien: Zwei Studenten betreten den Raum, um Haschisch-Pfeifen zu kaufen. In der Hütte liegt aufgebahrt die tote Tochter. Der alte Mann und seine Frau wenden sich den Besuchern zu, bieten diesen ihre Pfeifen an und feil-

schen um den Preis. Die Studenten sind blockiert, wissen nicht, wie sie sich verhalten sollen, obwohl sie wissen, daß die Familie das Geld braucht, um Holz für das Verbrennen der Leiche zu kaufen.

Feedback: Die Studenten haben ein schlechtes Gewissen, daß sie Haschisch-Pfeifen kaufen wollen. Das tote Mädchen erinnert sie an die Profanität des Kaufaktes gegenüber dem Tod. So können sie nicht begreifen, daß das Geschäft für den Mann und die Frau notwendig ist, um der Tochter eine angemessene Beerdigung und damit eine Wiedergeburt zu ermöglichen.

3. *Standbild*: Auf der Straße in Hannover: ein Türke fragt mit einer Karte in der Hand nach einer Straße. Die Studentin erklärt ihm den Weg, was nicht ganz einfach ist, weil der Türke nur wenig deutsch spricht. Nachdem er verstanden hat, fragt er die Studentin, ob sie Lust habe, mit ihm einen Kaffee zu trinken. Die Studentin wehrt heftig ab und fühlt sich angemacht ("Der will mit mir nur ins Bett."). Aufgefordert, sich hinter den "Türken" zu stellen und aus seiner Perspektive zu sagen, was er gerade denkt, sagt sie: "Ich bin froh, daß ich weiß, wie ich zu A. komme. Vielleicht kann ich mich bedanken, indem ich sie zum Kaffee einlade."

Feedback: Obwohl sie in der Lage ist, sich in den Türken in dieser Situation einzufühlen, reagiert die Studentin abwehrend auf dessen Vorschlag, einen Kaffee zu trinken. Sie gibt zu, daß sie nur auf eine solche Äußerung gewartet hat: sie kann sich nicht vorstellen, daß der Mann sie nicht als Sexualobjekt sieht.

4. *Standbild:* Szene in einem indischen Dorf: der Student steht hilflos lächelnd inmitten einer großen Menge von Kindern, die an ihm zerren, ihre Hände zu ihm hingestreckt halten und schreien: "A pencil!". Die Situation ist dadurch entstanden, daß er einem bettelden Kind seinen Bleistift gegeben hat. Das ging wie ein Lauffeuer durch den Ort, aus allen Ecken stürzen Kinder auf ihn zu und wollen auch einen Bleistift. In seiner Überforderung kauft der Student eine ganze Menge Bleistifte ("Ich wollte als Deutscher nicht knauserig wirken") und verteilt diese (sie reichen natürlich nicht aus), hat dabei aber ein schlechtes Gefühl, weil er ja eigentlich nur die Kinder loswerden will.

Feedback: Der Student hat ein schlechtes Gewissen gegenüber den Kindern und ihrer Armut: durch sein Handeln möchte er sein schlechtes Gewissen entlasten, merkt aber gleichzeitig, daß er dabei wie ein europäischer Kapitalist auftritt. Da er schließlich nicht allen Kindern einen Bleistift geben kann, muß er viele doch zurückweisen.

***

Schwierigkeiten beim Umgang mit AusländerInnen bei LehrerInnen:

1 Standbild: Eine Roma-Frau sitzt betteld am Straßenrand. Auf dem Schoß hat sie ein kleines Kind, das sie so hält, daß es von den Passanten gesehen wird. Der Lehrer geht vorbei, blickt dabei ärgerlich bis empört auf die Frau herab. Ihn erregt die Tatsache, daß die Frau das Kind für ihre Zwecke funktionalisiert: "Das ist ungeheuerlich."

Feedback: Die Empörung des Lehrers über das Verhalten der Frau hat ihren Ursprung in frühen Kindheitserfahrungen: als Junge wurde er von seinen Eltern in der Öffentlichkeit immer wieder in Rollen gedrängt, die ihm peinlich waren und die er nicht ausfüllen konnte: er sollte wie ein starker Mann auftreten, obwohl er sich klein und hilflos fühlte.

2. *Standbild:* Drei Schwarzafrikaner stehen lachend, gestikulierend und laut redend auf dem Bürgersteig und versperren der Lehrerin, die auf dem Weg nach Hause ist, den Weg. Diese deutet das Verhalten der Männer von außen als rücksichtslos und aggressiv, obwohl sie lachend mit sich selbst beschäftigt sind.

Feedback: Die Afrikaner versperren der Lehrerin, die es eilig hat, den Weg: bei der Einfühlung wird ihr deutlich, daß diese durch ihr lautes, lebendiges Lachen nur zurückspiegeln, wonach sie sich selbst sehnt: sie möchte dabei sein, muß aber nach Hause. Hinzu kommt, daß es Ausländer sind, die ihr da im Weg stehen. Bei deutschen Männern hätte sie keine Probleme gehabt: sie wäre vorbei gegangen oder hätte diese aufgefordert, ihr den Weg freizumachen. Bei Ausländern traut sie sich das nicht: Sie will nicht ausländerfeindlich erscheinen.

3. *Standbild:* Die Lehrerin besucht eine türkische Familie, um mit den Eltern über die Tochter zu sprechen. Ihr wird Tee angeboten. Die ganze Fa-

milie sitzt um den Fernsehapparat und schaut fern. Keine(r) macht Anstalten, mit ihr zu sprechen: "Ich war wütend, wußte nicht, wie ich mich verhalten sollte, fühlte mich gekränkt."

Feedback: Die Lehrerin erwartet, daß sich die Familie ihr zuwendet und sich mit ihr unterhält: sie empfindet das gemeinsame Fernsehen als Gesprächsverweigerung, als Brüskierung, sagt aber nicht, was sie will. So kann sie nicht herausbekommen, ob das gemeinsame Teetrinken und Fernsehen nicht als Zuwendung gedacht ist. Vielmehr verharrt sie gekränkt auf ihrem Platz und verabschiedet sich schließlich.

4. *Standbild:* Ein paar Ausländer sitzen mit Haltungen, die Desinteresse signalisieren, vor einer Lehrerin, die ihnen die deutsche Sprache beibringen will: einer guckt zum Fenster raus, einer liegt mit dem Kopf auf dem Tisch, einer beschäftigt sich mit seinem Kugelschreiber. Die Lehrerin steht vor ihnen und redet mit genervtem Gesichtsausdruck auf sie ein. Sie ist gekränkt: "Ich gebe mir soviel Mühe und versuche, den Unterricht so interessant wie möglich zu gestalten, und die machen nicht mit."

Feedback: Die Ausländer sind gezwungen, am Unterricht teilzunehmen, haben aber keine Verwendung für die Sprache und zur Zeit ganz andere Probleme. Die Lehrerin deutet ihr Verhalten als gegen sich gerichtet, ist enttäuscht und gekränkt und ist deshalb nicht in der Lage, sich in die Situation ihrer Schüler hineinzuversetzen.

Die Projektions- und Abwehrprozesse, die in den Bildern von FlüchtlingssozialarbeiterInnen, StudentInnen und LehrerInnen sichtbar werden, verweisen nicht nur auf individuelle Lebensgeschichten, sondern machen auch auf Themen und Probleme aufmerksam, die für die jeweilige Gruppe zentral sind:

Die eingeschränkten Handlungsspielräume von **FlüchtlingssozialarbeiterInnen** verstärken Beziehungswünsche und Ängste gegenüber den Flüchtlingen. Im Widerspruch zwischen dem Wunsch zu helfen und dem institutionellen Zwang, Hilfe zu versagen, neigen sie dazu, die ungeliebten Anteile ihrer Arbeit zu verdrängen und auch dort helfen zu wollen, wo sie das gar nicht können. Spiegelt ihnen das Verhalten der Flüchtlinge diese Anteile

(Hilflosigkeit, Aggressivität, Abhängigkeit, Trauer und Passivität) zurück, reagieren sie gekränkt, hilflos oder aggressiv.

Als Thema der **StudentInnen** wird in den Standbildern der Kampf um die eigene Identität sichtbar: sie wollen gegenüber AusländerInnen nicht als fremdenfeindliche Deutsche oder Kapitalisten auftreten und handeln doch als solche und werden als solche wahrgenommen. Sie wollen AusländerInnen nicht zurückstoßen und haben doch Angst vor zu großer körperlicher und sprachlicher Direktheit und Nähe. Sie wollen - und dies ist ein zentrales Thema der Frauen - Ausländer nicht zurückweisen und fühlen sich doch von den sexistischen Verhaltensweisen ausländischer Männer abgestoßen.

Ähnlich wie bei den FlüchtlingssozialarbeiterInnen geraten die **LehrerInnen** beim Umgang mit AusländerInnen immer dann in Schwierigkeiten, wenn ihnen diese die eigenen abgespaltenen Anteile zurückspiegeln: die eingeschränkte. z.T. bornierte Lebensweise, die eigene Aggression, die institutionellen Zwänge, die sie repräsentieren.

6 ABSTOSSUNG-INTEGRATION-SELBSTERKENNTNIS

Modi des Umgangs mit den Fremden

Die Schwierigkeiten, die wir mit AusländerInnen in bestimmten Situationen haben, weisen auf Themen hin, die für uns und und die soziale Gruppe, der wir angehören, im Zentrum des Lebens- und Identitätskampfes stehen. Diese Themen stellen in Frage, verunsichern, machen Angst: zur Aufrechterhaltung der eigenen Identität und Lebensentwürfe müssen bestimmte, häufig regressive und asoziale Gefühle, Wünsche und Phantasien abgespalten, auf andere projeziert und an diesen abgewehrt werden. Dabei können unterschiedliche Formen der Abwehr unterschieden werden (HEINRICHS 1992):

1. Von **Abstoßung** kann gesprochen werden, wenn die Angst vor dem eigenen Identitätsverlust so groß ist, daß Fremde gebraucht werden, damit die angstmachenden Gefühle und Phantasien an diesen bekämpft werden können. Indem Fremde gewaltsam bekämpft und damit abgestoßen werden, kann man/frau sich selbst stabilisieren und die Angst verdrängen.

2. Bei der **Integration** verhalte ich mich so, als sei der/die andere so wie ich, und versuche dadurch, die mich befremdenden Anteile äußerlich zu ignorieren. Indem ich den/die Anderen dem Eigenen anverwandle und seine/ihre sozial, ökonomisch oder kulturell bedingte Verschiedenheit ignoriere und zum Verschwinden bringe, mache ich ihn/sie zum Objekt: er/sie ist für mich nur das, was ich an ihm/ihr sehe und wahrnehmen will, mit den beunruhigenden, irritierenden und angstmachenden Anteilen brauche ich mich nicht auseinanderzusetzen.

Obwohl Abstoßung und Integration, Ausländerfeindlichkeit und Ausländerfreundlichkeit, in ihren emotionalen Motiven und ihren Wirkungen unterschiedlich sind, haben sie doch gemein, daß sie den Fremden nicht als den Anderen akzeptieren, der mit seinen irritierenden Verhaltensweisen an abgewiesene eigene Anteile erinnert. Beide konstruieren stattdessen den Anderen zum Fremden, ohne dessen wirkliche Erfahrungen, Haltungen und Lebensrealität zur Kenntnis zu nehmen. Nicht zufällig finden wir diese Formen der Abwehr gehäuft bei Menschen, die sich aufgrund ökonomischer, sozialer oder privater Krisen in ihrem Selbstwertgefühl bedroht fühlen. Und nicht zufällig bieten sich ihnen für ihre Konstruktion des Fremden vor allem Menschen an, die das repräsentieren, was sie bedroht: AusländerInnen, Arbeitslose, Frauen, Schwule, Drogenabhängige, Obdachlose, Behinderte.

3. **Selbsterkenntnis** in der Begegnung mit dem Fremden wird dann möglich, wenn ich mich tatsächlich auf das Fremde am Anderen einlasse und dabei entdecke, daß es auch in mir fremde, bedrohliche Anteile gibt: nicht nur der andere ist laut, gesellig und temperamentvoll, sondern auch ich möchte das sein, habe es aber vielleicht verlernt. Nicht nur der andere klaut, sondern auch ich tue das ab und zu im Kaufhaus bzw. möchte es tun. Nicht nur der andere ist faul, sondern auch ich habe Sehnsucht danach, wage es aber nicht. Wenn ich mich in der Auseinandersetzung mit dem Anderen an meine abgespaltenen Anteile erinnern lasse und diese in mein Selbstbild integriere, dann muß ich mich als widersprüchlich, gespalten und gebrochen wahrnehmen. Der Andere ist mir nah und fremd wie ich mir auch, ich kann ihn als Mensch mit eigener Lebensgeschichte und eigener Kultur wahrnehmen.

In der folgenden Übung geht es darum, sich die unterschiedlichen Modi des Umgangs mit AusländerInnen an kritischen Situationen bewußt zu machen und die eigenen Reaktionsweisen und Verhaltensmöglichkeiten zu reflektieren.

1. Die TeilnehmerInnen zeigen und interpretieren mit Hilfe von Standbildern Situationen, in denen sie Schwierigkeiten hatten, sich gegenüber Fremden zu verhalten.

2. Gemeinsam werden in der Gruppe zu den einzelnen Standbildern andere entwickelt, die zeigen, wie - bezogen auf die Situation - Abstoßung, Integration und Selbsterkenntnis aussehen könnten. Dabei sollten jeweils folgende Fragen geklärt werden:

- *Modus der **Abstoßung**: Was wird abgestoßen? Warum werden gerade diese Anteile abgestoßen? Was kann man/frau dadurch gewinnen?*
- *Modus der **Integration:** Was wird integriert? Warum wird integriert? Was gewinnt man/frau dabei?*
- *Modus der **Selbsterkenntnis:** Mit welchen eigenen Anteilen wird man/frau konfrontiert und was kann er/sie dabei für Erfahrungen über sich und den/die andere(n) machen? Was könnte ein Motiv sein, sich in*

dieser Weise mit dem/der anderen zu konfrontieren? Was ist der Gewinn einer solchen Selbsterkenntnis?

Situation

Im Zugabteil: Zwei Schwarzafrikaner sprechen gestenreich auf die Studentin ein, die abgewandt mit genervtem Gesicht aus dem Fenster schaut. Die Schwarzafrikaner sind in das Abteil gekommen und haben sie, die sie ihre Ruhe haben wollte, sofort angesprochen, auf englisch, später auch in gebrochenem Deutsch. Die Studentin fühlt sich überfallen, bedrängt, weist die Männer zurück, die das nicht verstehen und weiter auf sie einsprechen. In dem Bemühen, nicht aggressiv zu werden ("Ich will nicht ausländerfeindlich sein") und sich gleichzeitig zu schützen, wendet sie sich ab und blickt aus dem Fenster.

Abstoßung

Standbild: Die Studentin steht in einiger Entfernung den Afrikanern gegenüber und zeigt mit denunziativer Geste auf die beiden. Zwei Bahnbeamte zerren an den verständnislos um sich schauenden Afrikanern, um sie aus dem Abteil zu zu führen.

Deutung: Die Studentin fühlt sich von den Schwarzafrikanern sexistisch belästigt und holt sich Hilfe, um sich von ihnen zu befreien.
Was stößt sie ab?

Die Studentin stößt die Nähe, die Direktheit, die Störung, die Ansprache durch die Afrikaner ab?
Warum stößt sie ab?

Die Studentin fühlt sich als Frau sexistisch bedroht, zum Objekt gemacht.
Was ist der Gewinn?

Die Studentin hat nicht nur ihre Ruhe und Anonymität wiederhergestellt, sie konnte auch unter Beweis stellen, daß sie sich als Frau zur Wehr setzen kann.

Integration

Standbild: Die Studentin sitzt den Afrikanern zugewandt, lächelt und läßt sich äußerlich auf das Gespräch ein.

Deutung: Die Studentin schützt sich vor der Aufdringlichkeit und den Liebesbeteuerungen der Afrikaner, indem sie zum Schein auf diese eingeht und sie ironisch zu überspielen versucht.
Was wird integriert?

Die Studentin geht auf die Afrikaner wie auf ihresgleichen ein und tut so, als bemerke sie ihre Aufdringlichkeit nicht.
Warum macht sie das?

Die Studentin will nicht ausländerfeindlich erscheinen.
Was gewinnt sie dabei?

Die Studentin kann nach außen hin ihre Souveränität, ihre Liebenswürdigkeit und ihre humane Gesinnung zeigen.

Selbsterkenntnis

Standbild: Die Studentin sitzt den Schwarzafrikanern gegenüber, blickt sie dabei aufmerksam an und stellt eine Frage.

Deutung: Die Studentin geht auf die Ansprache der beiden Schwarzafrikaner ein, macht ihnen verständlich, daß ihr ihre Direktheit und körperliche Nähe Schwierigkeiten bereitet und fragt sie, ob sie das in ihrem Bekanntenkreis und zuhause ebenso machen.
Welche Erfahrungen kann sie über sich und die anderen machen?

Die Studentin kann sich durch die Konfrontation mit dem Verhalten der Afrikaner bewußt werden, daß ihr spontane Ansprache und körperliche Nähe, die Artikulation von Gefühlen und das Durchbrechen der Anonymität von Fremden unangenehm sind und daß sie mit dem Abwehren solcher Verhaltensweisen auch Möglichkeiten der Begegnung und sozialer Erfahrungen ausschließt.
Was könnte ein Motiv sein, um sich in dieser Weise mit den Afrikanern auseinanderzusetzen?

Die Studentin kann im Gespräch mit den Afrikanern herausbekommen, was die Motive für deren Verhalten sind und welche Bedeutung ein solches Verhalten in der anderen Kultur hat. Indem sie sich bemüht, das Verhalten der

Männer zu verstehen, kann sie ihre Wahrnehmung und Reaktion neu interpretieren und möglicherweise relativieren.
Was ist der Gewinn einer solchen Selbsterkenntnis?

Die Studentin kann sich mit den tatsächlichen Motiven ihrer Irritation auseinandersetzen, könnte etwa entdecken, daß sie die sexistische Anmache nur vorschiebt, um anonym bleiben zu können, könnte sich klar darüber werden, wo sie Bornierungen abbauen kann und wo sie das Verhalten der Afrikaner als unzumutbar und verletzend zurückweisen muß.

3. Die TeilnehmerInnen überprüfen anhand unterschiedlicher Begegnungen mit AusländerInnen, nach welchem Modus sie sich jeweils mit diesen auseinandergesetzt haben und welche Selbsterkenntnis jeweils möglich wäre.

4. Die TeilnehmerInnen entscheiden sich für eine Situation, bei der ihnen die Möglichkeit zur Selbsterkenntnis in der Auseinandersetzung mit AusländerInnen besonders schwierig zu sein scheint. Die Szene wird mit Mitteln des szenischen Spiels erarbeitet, wobei der/diejenige, der/die die Szene erlebt hat, Ort, Rollen, Verhaltensweisen der Personen und den Handlungsablauf festlegt.

7 WUNSCHBILDER

Die Anforderungen des Alltags und die Routinen, Projektions- und Ausgrenzungsprozesse, mit denen wir fertig zu werden versuchen, reduzieren unsere Wahrnehmungen und unser Verhalten auf bestimmte vertraute Muster, auf das Machbare. Das Mögliche, Wünschbare, die notwendigen Veränderungen des Status quo geraten aus dem Blick oder werden dort, wo sie in winzigen Schritten geleistet werden, kaum noch wahrgenommen. Um die Richtung der eigenen Praxis bestimmen zu können, ist es deshalb wichtig, immer wieder Vorstellungen davon zu entwickeln, wie Situationen und Beziehungen aussehen könnten und sollten. In Wunschbildern wird die widerständige Realität in und außer uns aufgehoben und gleichsam durch ihr Gegenteil thematisiert. Über Wunschbilder können wir uns mit anderen über unsere Wünsche verständigen und gemeinsam nach Wegen suchen, Widerstände in und außer uns in kleinen Schritten abzubauen.

1. Die TeilnehmerInnen erinnern sich an Situationen, in denen sie Schwierigkeiten beim Umgang mit AusländerInnen haben. Sie entscheiden sich für eine Situation und überlegen sich, wie sie sich diese Situation wünschen.

2. Die Wunschsituationen werden nacheinander mit Hilfe von Standbildern dargestellt und interpretiert. *(Vgl.S. 42f)*

Wunschbilder von FlüchtlingssozialarbeiterInnen:

- Mehrere Personen - Flüchtlinge und SozialarbeiterInnen - stehen im Kreis und halten sich in unterschiedlicher Weise an den Händen, lachen und reden miteinander.
  Wunsch: Mehr Zeit, mehr Raum, mehr Miteinander in der Beratungssituation.

- Ein Flüchtlingsehepaar steht strahlend neben einem Schlafbett und lächelt zum Sozialarbeiter hinüber.
  Wunsch: Ich habe mit viel Mühe ein Bett für eine Flüchtlingsfamilie besorgt. Das Ehepaar freut sich und mäkelt nicht am Bett herum.

- Die Sozialarbeiterin telefoniert in entspannter Haltung mit einem Beamten in einer Gemeinde und findet für eine Asylbewerberin, die zu ihren Verwandten dort will, einen Platz im Wohnheim.

Wunsch: Die Behörden gehen auf den Wunsch nach Familienzusammenführung verständnisvoll ein.

- Eine Flüchtlingsfrau steht der Sozialarbeiterin strahlend gegenüber und erklärt ihr, daß sie endlich die Arbeitstelle bekommen hat, um die sie sich immer wieder beworben hat.
  Wunsch: Die Behörden verweigern AusländerInnen nicht mit fadenscheinigen Argumenten die Arbeit, sondern freuen sich, die Stelle zu vermitteln.

- Vertreter der Sozialabteilung, der Bezirksregierung, der ZAST-Leitung und des Ministeriums sitzen um einen Tisch herum und beraten, ob es sinnvoll ist, vorübergehend Betten in der Sozialabteilung für neue Flüchtlinge aufzustellen.
  Wunsch: Bei einer Veränderung in der ZAST wird auch die Sozialabteilung miteinbezogen und befragt.

- Ein Flüchtlingsehepaar erhält bei der Beratung von der Sozialarbeiterin die Bestätigung, daß es statt der Zweizimmerwohnung, in der es mit 10 Personen wohnt, eine größere Wohnung zur Verfügung gestellt bekommt.
  Wunsch: Die Wohnungsbaugesellschaft stellt für Flüchtlinge angemessene Wohnungen zur Verfügung.

- Der Sozialarbeiter informiert einen Behördenvertreter, der diese Information selbstverständlich weitergibt. Politiker, die nichts sehen, sagen und hören (wollen), werden von Minister Trittin offen angegangen.
  Wunsch: Die Behörden hören mir zu und geben meine Fragen und Vorschläge weiter. Der Minister sagt den Politikern ins Gesicht, was er denkt.

- Mehrere Vertreter des Sozialamtes sitzen entspannt zusammen und sprechen unverkrampft über die Verteilung von Wohnungen.
  Wunsch: Entspannte, argumentativ geführte Gespräche im Sozialamt, bei denen auch die Belange der Flüchtlinge eine Rolle spielen.

- Der Sozialarbeiter steht einem Journalisten gegenüber, der ihn aufmerksam anschaut und ihn bittet, über seine Arbeit zu berichten.
  Wunsch: Journalisten haben wirklich Interesse an der Arbeit und wollen sich vom Sozialarbeiter die Situation der Flüchtlinge erklären lassen.

- Eine Flüchtlingsfamilie steht dem Sozialarbeiter ängstlich gegenüber und weigert sich, im Zuge des Landesausgleichs nach Sachsen verschickt zu

werden. Der Flüchtlingssozialarbeiter sagt ihnen, daß er das in einer Viertelstunde arrangiert hat.
Wunsch: Möglichkeit einer unkonventionellen und selbstverständlichen Verhinderung der Umverteilung von Flüchtlingen in Regionen, die ihnen Angst machen.

- Ein Asylbewerber liegt krank in einem Bett. Ein Arzt, ein Vertreter des Flüchtlingsberatungsdienst und und eine Sozialarbeiterin klären gemeinsam im Gespräch die optimale Versorgung.
  Wunsch: Alle beteiligten Gruppen sind gemeinsam bemüht, kranke Asylbewerber angemessen zu versorgen.

- Die Sozialarbeiterin steht der Sachbearbeiterin für Finanzen gegenüber und bittet sie um Zuschüsse für einen Besuch von Asylbewerberkindern im Zoo. Die Sachbearbeiterin sagt, daß dies kein Problem sei.
  Wunsch: Geld wird für die Betreuung von Flüchtlingskindern zur Verfügung gestellt.

- In einem gemütlichen Raum sitzen ausländische und deutsche Frauen in Gruppen zusammen und unterhalten sich miteinander. Dabei freuen sie sich, weil sie sich wiedersehen, nehmen Anteil am Leben der anderen, helfen sich bei Behördengängen, geben sich Informationen, planen einen Arztbesuch.
  Wunsch: Offene, entspannte solidarische Gespräche zwischen Ausländerinnen und Deutschen über Alltagsprobleme und deren Bewältigung.

- Der Flüchtlingssozialarbeiter zeigt einem Vertreter des Ordnungsamts den katastrophalen Zustand von Toiletten und Duschen in einem Wohnheim. Der Behördenvertreter sagt, daß dieser Zustand unzumutbar sei und daß neue Bedingungen geschaffen würden.
  Wunsch: Das Ordnungsamt interessiert sich für den Zustand der Asylbewerberwohnungen und schafft angemessene sanitäre Bedingungen.

3. Die TeilnehmerInnen überlegen, welche Wünsche den gezeigten Wunschsituationen gemeinsam sind:

Wünsche der FlüchtlingssozialarbeiterInnen:

- Wunsch, zwischen den Parteien - Flüchtlinge, Behörden, Bevölkerung - erfolgreich zu vermitteln

- Wunsch, von den Behörden wahrgenommen, angehört und ernstgenommen zu werden
- Wunsch, mit den Behörden zusammen zu versuchen, Mängel und Schwierigkeiten zu beseitigen
- Wunsch, nicht in Hierarchien eingebunden zu sein
- Wunsch, sich entspannt und argumentativ verständigen zu können
- Wunsch,von den Flüchtlingen akzepiert und anerkannt zu werden
- Wunsch, den Flüchtlingen wirklich helfen zu können
- Wunsch, den Flüchtlingen ein würdevolles Leben in Deutschland zu ermöglichen.

4. Die TeilnehmerInnen bauen eine ***Statue*** *(Denk-Mal), die die gemeinsamen Wünsche zum Ausdruck bringt. Eine Teilnehmerin beginnt. Die anderen verändern die Skulptur so lange, bis alle mit dem Ergebnis einverstanden sind.*

Wunsch-Statue der FlüchtlingssozialarbeiterInnen:

Die Figuren sind kreisförmig angeordnet, bilden dabei kleine Gruppen, die sich nicht ausschließen, sondern offen und gleichberechtigt miteinander Kontakt haben und kommunizieren. Das Denkmal zeigt alle - Flüchtlinge, SozialarbeiterInnen, Bevölkerung und BehördenvertreterInnen - als zusammengehörig, ohne daß die Beziehungen formiert erscheinen.

8 ALLTAGSFREMDHEITEN

Arbeit an Haltungen gegenüber Menschen im Arbeitsfeld: AsylbewerberInnen, Behörden, KollegInnen

In Wunschbildern werden alltäglich als unbefriedigend erlebte Situationen in der Phantasie verändert. Die Wünsche zeigen die Richtung auf, in der Lösungen gesucht werden müssen. Natürlich klaffen in den meisten Fällen Wunsch und Realität weit auseinander. Dennoch sollten die Wünsche wachgehalten werden, wenn nach den objektiven und subjektiven Bedingungen gesucht wird, die Veränderungen behindern, und wenn dort, wo man/frau neue Wege gehen kann, kleine Schritte gewagt werden. Unsere Beziehungen zu AusländerInnen können wir erst ändern, wenn wir herausgefunden haben, was unsere Anteile an der Aufrechterhalung der Fremdheit, was unser Beitrag zu den Schwierigkeiten ist, die wir mit ihnen haben. Dabei müssen wir natürlich auch nach den objektiven Bedingungen fragen, die unser bewußtes und unbewußtes Verhalten beeinflussen und bestimmen.

In den folgenden Versuchen, die Haltungen der TeilnehmerInnen in schwierigen Situationen bewußt und damit ein Stück weit veränderbar zu machen, konzentrieren wir uns auf Konflikte und Beziehungen, die die **Arbeitstätigkeit** und die **Arbeitssituation** der TeilnehmerInnen bestimmen bzw. beeinflussen: Auseinandersetzungen mit Behörden, KollegInnen, Vorgesetzten und solche, die sich aus der Tatsache ergeben, daß sie selbst Repräsentanten von Institutionen sind. Das hängt vor allem damit zusammen, daß die TeilnehmerInnen der hier dokumentierten Seminare v.a. FlüchtlingssozialarbeiterInnen waren. Bei LehrerInnen und SchülerInnen könnte entsprechend die Arbeitssituation in der Schule (vgl.SCHELLER 1985, 1986), bei StudentInnen die in der Universität untersucht werden. In ähnlicher Weise können natürlich auch kritische Situationen aus dem Alltag der Familie, der Freundschaftsgruppen, von Mann-Frau-Beziehungen usw. rekonstruiert werden.

Das Vorgehen: Es werden zunächst Situationen gesammelt, mit denen die TeilnehmerInnen in ihrem Arbeitsfeld besondere Schwierigkeiten haben und die sie - möglicherweise - zu ihren Wunschbildern veranlaßt haben. Dann wird nach Situationen gesucht, die exemplarisch für die Probleme sind, die sich im Arbeitsfeld ergeben. Diese Situationen werden mit Mitteln des szenischen Spiels dargestellt bzw. rekonstruiert, szenisch analysiert und verändert.

1. Die TeilnehmerInnen erinnern sich an Situationen, die ihnen beim Umgang mit Menschen in ihrem Arbeitsfeld besondere Schwierigkeiten bereiten und die sie zu ihren Wunschbildern angeregt haben. Nacheinander beschreiben sie diese Situationen:

Kritische Situationen von FlüchtlingssozialarbeiterInnen:

- Manche AsylberwerberInnen werden, obwohl das vorgesehen ist, nicht auf ihren Gesundheitszustand untersucht, wobei es vorkommt, daß sie monatelang mit einer offenen Tuberkulose ohne Behandlung bleiben. Das Gesundheitsamt, die ZASTen und die Bezirksregierung weisen die Zuständigkeit von sich und reagieren zynisch mit: "Damit muß man leben".
- Bei einer Kurdenfamilie haben 3 Kinder offene Tuberkulose. Die Kinder werden, getrennt von ihren Eltern, nacheinander in vier Bundesländern in Krankenhäusern behandelt. Erst nach 6 Monaten kann die Mutter die Kinder in Braunschweig zum ersten Mal wieder im Krankenhaus besuchen. Dabei kann sie sich mit dem einen Kind, das inzwischen Deutsch gelernt hat, nicht mehr richtig verständigen.
- Auf Veranlassung der Behörden werden in den Wohnheimen Länderausgleichsbetten aufgestellt, in denen Asylbewerber untergebracht werden, die in 5 Tagen auf andere Bundesländer verteilt werden sollen. Die Organisation ist chaotisch und überfordert die Flüchtlinge: Am ersten Tag werden sie informiert, am nächsten Tag werden sie in die Außenstellen gefahren, in drei verschiedenen Bussen werden sie zu verschiedenen Zeiten verlegt usw. Die Behörden entscheiden nach bürokratischen Gesichtspunkten; was mit den Menschen geschieht, interessiert sie nicht.
- Die Wohnungsverteilung an Flüchtlinge durch die SachbearbeiterInnen beim Sozialamt erfolgt willkürlich, wobei zwischen guten (angepaßten) und schlechten (weniger angepaßten) Menschen entschieden wird. Wer sich nicht gut benimmt, muß bestraft werden: er/sie bekommt keine oder nur eine sehr schlechte Wohnung zugewiesen. Die Gespräche mit den SachbearbeiterInnenn muß die Sozialarbeiterin argumentativ führen, obwohl sie emotional total angespannt und erregt darüber ist, daß

Flüchtlinge in unzumutbarer Weise in einem Abbruchhaus untergebracht werden sollen.

- Eine Flüchtlingsfamilie mit 16 Mitgliedern, die alle in Oldenburg bleiben wollen, stellt an die Flüchtlings-Initiative unzumutbare Forderungen: sie wollen ein Haus zum Wohnen, das es nicht gibt.
- Ein Flüchtlingsfrau sucht Arbeit und wird immer wieder mit Hinweis auf § 19 abgelehnt (deutsche Arbeitnehmer werden bevorzugt). Die Stelle, um die sie sich bewirbt, ist frei, weil keine BewerberInnen vorhanden sind, aber das Arbeitsamt lehnt immer wieder ab. Die Sozialarbeiterin fühlt sich ohnmächtig.
- Es stehen keine Wohnungen zur Verfügung und die, die sie vermitteln könnte, sind entweder zu klein oder zu schlecht. Zum Beispiel möchte ein Afghane, der allein auf dem Land wohnt, in die Stadt ziehen, um Kontakte mit anderen Menschen aufnehmen zu können. Sie kann ihm nicht helfen.
- Bei einem Hausbesuch bei einer kurdischen Familie wird gerade ein Fest gefeiert. Als die Leute erfahren, daß sie Flüchtlingssozialarbeiterin sei, versuchen sie, sie für Dinge in Anspruch zu nehmen, die sie nicht erfüllen kann. Ein Jugoslawe rückt ihr auf den Leib und bettelt um eine neue Wohnung. Aber sie hat keine Wohnung, kann die Wünsche nicht erfüllen. Viele Flüchtlinge überschätzen die Möglichkeiten von SozialarbeiterInnen.
- Ein Journalist besucht einen Sozialarbeiter, er will keine Normalinformationen über die Flüchtlingsarbeit, sondern etwas Reißerisches, Sensationelles. In der Presse erscheinen dann zwar richtige Fakten, aber sensationell aufgemacht.
- Ein Flüchtling aus Rumänien kommt in die Beratungsstelle. Er ist Zeuge Jehovas und wegen seines Militärdienstes aus der Gemeinde ausgeschlossen. Er will die Vermittlung des Sozialarbeiters, muß aber eigentlich zunächst mit dem Gemeindeältesten sprechen.
- Drei Flüchtlingsfrauen haben Winterkleidung beantragt. Die Winterjacken werden abgelehnt, weil eine Frau mit einer eigenen Jacke gesehen wurde. Die Jacke war geliehen, das Sozialamt beharrt darauf, daß die Frauen eigene Jacken haben.
- Ein Flüchtling will seine Schwester in Berlin besuchen, die er seit 10 Jahren nicht mehr gesehen hat. Die Besuchserlaubnis wurde abgelehnt,

bis eine Einladung von der Schwester vorliegt. Der Sachbearbeiter kann diese Forderung dem Mann nicht verständlich machen. Ein Gespräch des Sozialarbeiters mit ihm bleibt ergebnislos.

- Während eine Sozialarbeiterin mit Flüchtlingskindern beschäftigt ist, betreten zwei junge smarte Männer den Raum, die sich nicht vorstellen. Schließlich erfährt sie, daß es sich um Mormonen handelt, die hier Bekehrungsarbeit bei den Flüchtlingen machen dürfen.
- In der Jugendwerkstatt arbeitet ein türkisches Mädchen, das wegen Differenzen mit den Eltern von zuhause weggelaufen ist und ihren Freund geheiratet hat. Sie wohnte mit ihm bei der Tante und mußte für alle drei arbeiten. Das hat sie psychisch krank gemacht. Zusammen mit der Sozialarbeiterin mußte sie eine Wohnung suchen. Immer wieder wurde sie als Türkin abgelehnt.
- Eine Flüchtlingsfrau mit zwei Kindern soll im Zuge des Länderausgleichs verlegt werden. Die Frau droht, den Kindern etwas anzutun, wenn sie nicht bleiben darf. Der Sozialarbeiter hat den Eindruck, daß sie ihn erpressen will.
- Eine Flüchtlingsfrau hat gerade im Krankenhaus entbunden. Der Mann taucht auf und fordert, daß die Frau sofort in die ZAST zurückkehrt und sich um die Kinder kümmert.
- Beim Hausbesuch bei einem türkisch-kurdischen Ehepaar mit 2 Kindern (wegen Krankheit eines Kindes) erfährt die Sozialarbeiterin, daß der Mann die Frau und die Kinder regelmäßig schlägt. Die Frau darf das Haus seit ca. einem Jahr nicht mehr verlassen.

2. Im Gespräch werden Problemfelder herausgearbeitet, die in den geschilderten Situationen eine Rolle spielen.

Problemfelder der FlüchtlingssozialarbeiterInnen:

- Schwierigkeiten im Umgang mit Behörden
- Schwierigkeiten im Umgang mit Flüchtlingen, v.a. bei der Abschiebung und bei der Art, wie Männer mit Frauen umgehen
- Schwierigkeiten im Umgang mit KollegInnen aufgrund unterschiedlicher Arbeitsansätze und Arbeitsbereiche.

Zu diesen Themenkomplexen sollen **Musterszenen** entwickelt werden, an denen mögliche Haltungen von SozialarbeiterInnen untersucht werden können. Ziel der Arbeit an diesen Szenen soll es sein, nach Verhaltensstrategien zu suchen, die auf der einen Seite den Flüchtlingen gerechter werden und auf der anderen Seite den SozialarbeiterInnen helfen können, mit den durch die objektiven Arbeitsbedingungen provozierten Schwierigkeiten und Emotionen so umzugehen, daß sie diese nicht gegen die Flüchtlinge bzw. sich selbst richten müssen.

3. Es werden Gruppen gebildet, in denen Erfahrungen mit den einzelnen Problemfeldern zu ***exemplarischen Szenen*** *verarbeitet werden sollen. Dabei gehen die Gruppen in folgender Weise vor:*

- *Die TeilnehmerInnen schildern Situationen, die sie erlebt haben.*
- *Die Gruppe einigt sich auf die Situation, die sie für besonders geeignet hält.*
- *Die Gruppe klärt die W-Fragen: Wo, an welchem Ort spielt die Szene? Wann (Tageszeit,Jahreszeit)? Welche Personen sind daran beteiligt und wie ist ihre Beziehung zueinander? Was geschieht in der Situation?*
- *Die Rollen werden verteilt: Jede(r) überlegt für die eigene Figur, was sie mit welchen Motiven und Empfindungen in der Szene tut und sagt und was sie vorher getan hat.*

4. Nacheinander werden die Szenen von den Gruppen mit Unterstützung durch den/die SpielleiterIn nach dem Muster erarbeitet, das im folgenden an den Themen der FlüchtlingssozialarbeiterInnen dargestellt wird.

8.1 Umgang mit Flüchtlingen: Abschiebung

Situation: Ein Ehepaar aus Makedonien hat einen Brief erhalten, in dem sie aufgefordert werden, innerhalb einer Woche das Land zu verlassen. Sie gehen in Begleitung einer Nachbarin und Freundin zur Sozialarbeiterin. Diese macht sie darauf aufmerksam, daß sie an der Situation nichts ändern kann. Enttäuscht und ungläubig verlassen die Flüchtlinge die Beratung.

1. Die Gruppe baut den ***Ort*** *auf. Die Sozialarbeiterin beschreibt ihren Arbeitsplatz.*

2. Die SpielerInnen begeben sich dorthin, wo sie sich ***vor Beginn*** *der Szene aufhalten:*

Die Sozialarbeiterin arbeitet am Schreibtisch, die Flüchtlinge und die Nachbarin warten draußen im Wartezimmer.

3. Der Spieleiter spricht nacheinander mit den Personen über das, was sie gerade tun, wie es ihnen dabei geht und was sie vorhaben:

Die *Sozialarbeiterin* hat am heutigen Donnerstag viel zu tun. Sie arbeitet schon seit mehreren Stunden und ist von den Gesprächen erschöpft und ein wenig genervt. Der *Mann* erhofft sich viel von dem Gespräch bei der Sozialarbeiterin. Schließlich ist er schon 2 Jahre in Deutschland. Es gibt bestimmt eine Möglichkeit, die Abschiebung zu verhindern. Er hat keine Angst. Seiner *Frau* geht es da ganz anders: sie hat große Angst, nach Makedonien zurückkehren zu müssen. Da könne sie nicht leben, dahin wolle sie nicht zurück. Die *Nachbarin* will nicht glauben, daß das geschehen soll. Sie hat viel mit der Frau zusammen gemacht. Es sind nette Leute, die sich hier eingelebt haben. Sie will sie bei der Suche nach einem Ausweg unterstützen.

4. Die Szene wird gespielt:

Die Flüchtlinge und die Nachbarin betreten den Raum. Die Sozialarbeiterin begrüßt sie. Der Mann übergibt ihr den Brief, aus dem hervorgeht, daß der Asylantrag endgültig abgelehnt ist und daß sie binnen einer Woche das Land zu verlassen hätten. Die Sozialarbeiterin zuckt mit den Schultern und macht den Flüchtlingen rigoros klar, daß sie nichts machen könne und daß sie sich in ihr Schicksal zu fügen hätten. Der Mann ist empört, die Frau jammert wegen der Familie und der Kinder, die Nachbarin erregt sich. Die Sozialarbeiterin läßt sich auf keine Diskussion ein, argumentiert mit Sachzwängen, weist die Bitten und Fragen kalt zurück. Schließlich bricht die Familie empört auf: man werde schon einen anderen Weg finden.

5. Der Spielleiter fragt die Personen, wie es ihnen nach dem Gespräch geht:

Der Mann ist ärgerlich, es geht ihm miserabel, er spürt, daß man sie hier nicht mehr haben will. Die Frau ist traurig. Sie versteht nicht, daß es keine Möglichkeiten mehr geben soll. Die Nachbarin schämt sich als Deutsche.

6. Der Spielleiter fordert die Sozialarbeiterin auf, sich in die Mitte des Raumes zu stellen. Die BeobachterInnen treten hinter sie und repräsentieren eine ***innere Stimme****, die auf die Sozialarbeiterin in dieser Situation eingesprochen haben kann. Dabei nehmen sie eine entsprechende Körperhaltung ein und sprechen den Satz in einer angemessenen Intonation.*

Folgende innere Stimmen wurden der Sozialarbeiterin gegeben:

- "Ich muß mich wie alle anderen an die Gesetze halten."
- "Ich kann nicht helfen."
- "Ich kann doch nicht alles machen."
- "Zuviel Arbeit"
- "Die gehen mir auf die Nerven."
- "Ich kann das nicht aushalten."

7. Der Spielleiter ***dirigiert*** *den* ***Chor der Stimmen****, indem er nacheinander auf die TeilnehmerInnen zeigt, die die Stimmen repräsentieren. Dabei variiert er in der Reihenfolge und läßt Sätze wiederholen, die er für besonders wichtig hält. Er dirigiert die Stimmen so lange in unterschiedlichen Varianten, bis die Sozialarbeiterin mit der Reihenfolge zufrieden ist.*

8. Die BeobachterInnen entwickeln in gleicher Form die inneren Stimmen für die anderen Figuren.

Der Flüchtlings-Mann:

- "Was soll ich machen?""
- "Die muß mir helfen."

- "Ich werd schon einen Weg finden."
- "Ich bin der Mann."
- "Ich werds ihnen zeigen."
- "Die können mich doch nicht einfach rausschmeißen."

Die Flüchtlings-Frau:
- "Ich habs ja gewußt."
- "Ich versteh das alles nicht"
- "Das sind doch keine Menschen."
- "Da hat mein Sohn mir immer noch Hoffnung gemacht."
- "Ich glaube ihr kein Wort."
- "Keiner hilft mir."
- "Ich will nicht nach Makedonien."
- "Ich hab' Angst."
- "Wo soll ich hingehen?"

Die Nachbarin:
- "Ich verstehe die Welt nicht mehr."
- "Die muß doch sensibler reagieren."
- "Es muß doch einen Weg geben."
- "Ich schäme mich für meine Landsleute."
- "Man muß doch was tun können."
- "Wie kann ich der Familie noch helfen?"

9. Die Szene, in der die Rolle der Sozialarbeiterin bewußt überzogen dargestellt wird, wird als ***Muster*** *genommen. Während die Rollen des Flüchtlingsehepaars und der Nachbarin in der dargestellten Weise beibehalten werden, wird die* ***Rolle der Sozialarbeiterin ausgewechselt****. Dabei sollen*

***Haltungen** entwickelt und **erprobt** werden, die den Flüchtlingen (im Sinne des Wunschbildes) gerechter werden.*

10. Ein Teilnehmer übernimmt die Rolle des/der SozialarbeiterIn und nimmt im Zimmer Platz.

11. In einem kurzen Rollengespräch mit dem Spielleiter sagt er, was er gerade tut, denkt und wie seine Stimmung ist.

12. Die Szene wird gespielt:

Das Flüchtlingsehepaar und die Nachbarin betreten den Raum: der Sozialarbeiter begrüßt sie als alte Bekannte. Als ihm das Schreiben vorgelegt wird, setzt er sich zurück und sagt: "Es ist vorbei. Es tut mir leid." Bei den folgenden Versuchen der Flüchtlinge und der Nachbarin, nach Auswegen zu suchen, vermittelt er keine Illusionen: es geht nicht, die Abschiebung wird stattfinden. Es gibt keinen Ausweg, es sei denn, sie gingen freiwillig, dann könnten sie noch eine Prämie in Anspruch nehmen. Die Flüchtlinge interessiert die Alternative nicht: sie wollen hierbleiben. Immer wieder wiederholt der Sozialarbeiter sein: "Es ist vorbei, tut mir leid." Und demonstriert die Alternativen gestisch: entweder ihr geht freiwillig (offene Hände) oder werdet abgeschoben (er deutet Hände in Handschellen an). Die Flüchtlinge verlassen schließlich resigniert den Raum.

13. Die BeobachterInnen beschreiben nacheinander, wie sie die Situation erlebt haben:

Die Haltung des *Sozialarbeiters* wird als ruhig, klar, sachlich, eindeutig und distanziert beschrieben. Er habe sich Zeit genommen, den Tatbestand rüberzubringen und ihnen die verbleibenden Alternativen klarzumachen. Diese Haltung sei sehr deutsch (kühl und sachlich), zum Schluß sei er ungeduldig, genervt und auch in der äußeren Haltung abwehrend ("frech") geworden. Die Sätze - "Es ist vorbei, tut mir leid" - und die Gesten seien aggressiver geworden. Die *Familie* sei zunächst hoffnungsvoll gewesen, zunehmend habe sich Enttäuschung und Resignation breit gemacht, wobei sie aber bis zum Schluß nicht verstehen wollte.

14. Die SpielerInnen sagen aus ihrer Rolle heraus, wie es ihnen in der Situation ergangen ist:

Die *Frau* wollte sich verständlich machen und dem Sozialarbeiter dadurch näherbringen, daß sie an ihn als Vater appelliere. Aber er habe nicht reagiert. Sein "es ist vorbei" hatte für sie eine Endgültigkeit: "Alles ist vorbei." Der *Mann* hat an dem Sozialarbeiter die gleiche Haltung wie bei der Sozialarbeiterin (im ersten Spiel) wahrgenommen. Er fand die Möglichkeit tröstlich, legal ausreisen zu können. Die *Nachbarin* hat vor allem die Abwehr gesehen. Als sie das Ausländeramt erwähnt habe, hat er gegrinst. Da wußte sie: es hat keinen Zweck. Den *Sozialarbeiter* hat die Hartnäckigkeit der Flüchtlinge gewundert: er kannte sie von früher. Was wollten sie noch, sie hatten doch das Schreiben. Zum Schluß fühlte er sich genervt, weil die Nachbarin den Flüchtlingen noch immer unbegründete Hoffnung machte. Deshalb habe er auch versucht, die Alternative gestisch auf den Punkt zu bringen, habe aber gemerkt, daß es nicht durchdringe.

15. Gemeinsam suchen die TeilnehmerInnen nach Möglichkeiten, den Flüchtlingen ihre Situation bewußt zu machen und ihnen zu helfen, mit der Abschiebung fertig zu werden und dabei ihre Würde nicht zu verlieren. Dabei wird davon ausgegangen, daß es auch ein Stück Identität und Selbstbehauptung ist, trotz des Wissens über die mögliche Abschiebung an der Hoffnung festzuhalten.

Folgende Aspekte werden genannt:

- Sich Zeit für das Gespräch nehmen und sich dabei um einen Tisch setzen, eventuell Tee zu trinken.
- Die Begleitperson (Nachbarin) rausschicken, wenn sie zu penetrant ist und den Flüchtlingen falsche Hoffnungen macht.
- Nach dem ersten Gespräch einen Hausbesuch machen und sich in Ruhe zu unterhalten: über Ängste, Konsequenzen, eventuelle Verwandte in der Heimat.
- Alle Möglichkeiten, die Abschiebung zu verhindern bzw. rauszuzögern, ausschöpfen. Hier könne die Nachbarin wichtige Funktionen übernehmen.
- Möglichkeiten überlegen und vorbereiten, wie sich die Flüchtlinge von Freunden, Nachbarn und in der Schule verabschieden können.

- Verhindern, daß die Abschiebung durch die Polizei und die Behörden in Handschellen stattfindet.
- Die Flüchtlinge zum Zug begleiten, die nötigen Formalitäten regeln.

8.2 Umgang mit Behörden

Situation: Eine Flüchtlingsfrau aus Jugoslawien, die seit 3 Monaten in Deutschland ist und die deutsche Sprache nicht versteht, möchte ihre Schwester in Hamburg, die Geburtstag hat, besuchen. Dazu braucht sie eine Besuchsgenehmigung der Ausländerbehörde. In Begleitung eines Sozialarbeiters und einer Sozialarbeiterin geht sie zur Sachbearbeiterin der unteren Instanz. Dort wird der Antrag abgelehnt, weil keine Einladung der Schwester vorliegt. Daraufhin begeben sich die drei zu Herrn Schulze, der in der oberen Instanz strittige Entscheidungen fällt. Herr Schulze ist über den Fall von der Sachbearbeiterin telefonisch unterrichtet worden. Er empfängt den Sozialarbeiter, die Sozialarbeiterin und die Flüchtlingsfrau, macht sie auf die Rechtslage aufmerksam und fordert sie auf, die Einladung beizubringen. Die Besucher verlassen das Dienstzimmer.

1. Der Teilnehmer, der die Rolle des Behördenvertreters übernommen hat, baut das Dienstzimmer auf und beschreibt es im Gespräch mit dem Spielleiter aus der Rolle heraus:

Schreibtisch mit Akten, an den Wänden selbstgeknipste Fotos, links einen Computer, hinten Aktenschränke. Der Blick aus dem Fenster links geht über den Hof zum Kaufhaus hinüber, wo er in der Pause in der Kantine seinen Kaffee trinkt.

2. Die Personen begeben sich dahin, wo sie sich vor Beginn der Szene aufhalten, und agieren dort. Der Spielleiter spricht mit ihnen über das, was sie gerade beschäftigt:

Herr Schulze hat gerade die erste Pause hinter sich. Vorher hat er aufgeräumt, er ist relativ guter Laune. Es liegen nicht viele Akten zur Durchsicht vor. Er erwartet den Besuch von zwei Sozialarbeitern mit einer Flüchtlingsfrau, es geht um eine Besuchserlaubnis, die Sachbearbeiterin hat ihn benachrichtigt: Routinefall. Der *Sozialarbeiter* ist verärgert: wieder einmal wurden sie von der Sachbearbeiterin abgewiesen. Er fühlt sich ohnmächtig in der Sandwich-Stellung, die er hat: von unten fordern die Flüchtlinge, von oben die Behörden. Er fühlt sich vor allem von den Behörden nicht akzeptiert. Deren Enscheidungen werden häufig davon abhängig gemacht, wie sich die Flüchtlinge darstellen und verständlich machen können. Wer nicht deutsch kann, wie diese Flüchtlingsfrau, hat nur wenig Chancen, und auch er glaubt, daß er wegen seiner Hautfarbe - der Sozialarbeiter ist Äthiopier - und seiner Ausdrucksweise als Vermittler nicht richtig akzeptiert wird. Die *Sozialarbeiterin* hat sich über die Borniertheit der Sacharbeiterin geärgert. Als ob es nicht ein Recht gäbe, Verwandte zu besuchen. Ein wenig mehr Menschlichkeit täte den Behörden schon gut. Also müssen sie wieder zu Schulze. Die *Flüchtlingsfrau* versteht nicht, was es für Probleme gibt: sie möchte ihre Schwester besuchen, und das muß doch gehen.

3. Die Szene wird gespielt:

Die Sozialarbeiterin und der Sozialarbeiter betreten nach dem Anklopfen zusammen mit der Flüchtlingsfrau das Büro. Herr Schulze beschäftigt sich mit Akten, schaut dann auf und empfängt sie mit dem Hinweis, daß er den Fall bereits kenne, daß er ja vollkommen klar läge, daß sie die Einladung vorzulegen hätten. Schließlich seien die Vorschriften klar, wie sie ja wüßten. Die Entgegnungen des Sozialarbeiters und der Sozialarbeiterin sind hilflos und moralisch. Sie appellieren an ihn, Einsicht zu haben. Die Frau wolle doch nur zu ihrer Schwester. Das könne sie auch, wenn die formalen Voraussetzungen dafür geschaffen seien, entgegnet Herr Schulze und fordert sie auf, das Schreiben für die Flüchtlingsfrau aufzusetzen usw. Herr Schulze spricht schnell, durchaus verbindlich, beharrt in der Sache aber auf der Form. Nach kurzer Zeit sind die Sozialarbeiterin und der Sozialarbeiter am Ende. Sie verlassen mit der Flüchtlingsfrau, die von allem nichts verstanden hat, den Raum. Während der ganzen Zeit haben die drei Besucher vor Herrn Schulze gestanden.

4. Der Spielleiter spricht mit den Personen über das, was sie gerade erlebt haben:

Der *Sozialarbeiter* ist sauer. Er hat das Gefühl, weder gesehen noch gehört worden zu sein. Die *Sozialarbeiterin* ist von dem Typ genervt: der Mann sei ein Paragraphenreiter, der sich hinter Formalitäten verschanzt und sich um die einzelnen Menschen nicht kümmert. Die *Flüchtlingsfrau* hat das Problem nicht verstanden. Der Mann war ihr unsympathisch. Sie hat nicht verstanden, warum ihnen kein Platz angeboten wurde. Herr *Schulze* fühlt sich wohl. Er ist froh, daß die Sache so über die Bühne gegangen ist. Ein wenig wundert er sich schon: die SozialarbeiterInnen müßten doch eigentlich wissen, wie die Regelungen sind und die Verwaltung funktioniert.

5. Die BeobachterInnen legen Haltungen und innere Stimmen der verschiedenen Personen fest. Im Anschluß daran dirigiert der Spielleiter den Chor der Stimmen. Danach ergänzt und verändern die jeweiligen SpielerInnen den Chor der Stimmen nach den eigenen Vorstellungen.

Der Sozialarbeiter:

- "Der nimmt mich nicht für voll."
- "Kann er mir nicht einmal zuhören?"
- "Er soll mich anschauen."
- "Er kann, wenn er will."
- "Ich hasse ihn."
- "Ich bin der Anwalt der Frau."

Der Sozialarbeiter verändert die Stimmenskulptur: Er entfernt die Stimme: "Ich bin der Anwalt der Frau" und nimmt dafür die Stimme auf: "Wie lange sollen wir mit diesen Leuten noch arbeiten?"

Die Sozialarbeiterin:

- "Der will mich auflaufen lassen."
- "Ich könnte genauso gut gegen eine Wand reden."
- "Was kann ich noch tun?"
- "Wie soll ich das der Frau beibringen?"

- "Wenn ich nur nicht immer so aufgeregt wäre."
- "Hätte ich mir nicht eine Notlüge einfallen lassen sollen."

Die Sozialarbeiterin nimmt die beiden letzten Stimmen aus der Stimmenskulptur heraus.

Herr Schulze

- "Diese Nervensägen."
- "Manchen Leuten muß man aber auch alles 100 mal sagen."
- "O Gott, die schon wieder."
- "Ich laß mich doch zu nichts zwingen."
- "Hoffentlich ist bald Mittagspause."
- "Die sollten es doch langsam kapiert haben."

Herr Schulze entfernt die Stimme: "Hoffentlich ist bald Mittagspause."

6. Die BeobachterInnen werden vom Spielleiter gefragt, wie sie sich in dieser Situation als SozialarbeiterInnen verhalten würden.

7. Die Szene wird ein zweites Mal gespielt, wobei die Rollen der SozialarbeiterIn und des Sozialarbeiters von anderen TeilnehmerInnen übernommen wird:

Während Herr Schulze am Computer sitzt, betreten die Leute sein Büro. Herr Schulze begrüßt sie kurz mit einem Blick zu Seite und schreibt seinen Satz zuende. Dann dreht er sich um und geht gleich in die Offensive: sie wüßten doch, daß eine Einladung vorzuliegen habe, da brauche man sich doch nicht die unnütze Zeit mit der Rederei zu machen usw. Die Sozialarbeiterin hält massiv dagegen, fordert von ihm klare Worte und eine Zusage, daß die Genehmigung erteilt wird. Herr Schulze unterbricht sie, hält dagegen, verweist auf die auszufüllenden Formulare. Die Sozialarbeiterin akzeptiert den vorgeschriebenen bürokratischen Weg, macht ihn aber auf einen neuen Paragraphen aufmerksam, der Ausnahmen vorsieht. Dadurch gewinnt sie ein wenig Zeit: Herr Schulze sucht den Paragraphen, entdeckt dann aber seinen Ermessensspielraum und fordert temperamentvoll und verbindlich das Ausfüllen der Formulare, ein Fax nach Hamburg genüge, die dortigen SozialarbeiterInnen könnten die Unterschrift besorgen. Inzwischen hat die Sozialarbeiterin darauf gedrungen, daß man sich hinsetze. Sie will mit dem Behördenvertreter das Vorgehen genau absprechen, um dann seine eine Zusage zu bekommen. Während der ganzen Zeit läuft die heftige, kämpferische Kommunikation zwischen der SozialarbeiterIn und Schulze, der Sozialarbeiter und die Flüchtlingsfrau stehen hilflos rum. Schließlich verabschiedet sich die SozialarbeiterIn und kündigt ihr Wiedererscheinen mit den Unterlagen in Kürze an.

8. Die BeobachterInnen beschreiben, wie sie die Auseinandersetzung erlebt haben:

Die *Sozialarbeiterin* sei sehr forsch und direkt auf Schulze losgegangen. Ihre Strategie war, diesen zu überrumpeln und dabei die Übermacht der drei Personen zu nutzen. Allerdings hat sie sich nur allein in den Clinch begeben, hat dabei - zumindest in ihrem Auftreten, in ihrer Klarheit und durch die Tatsache, daß sie den bürokratischen Weg akzeptiert, aber auch mit juristischem Wissen dagegenhält - zumindest die Wirkung, daß Herr Schulze sie ernst nehmen muß. Dieser fühlt sich an manchen Stellen in die Enge getrieben und rettet sich, indem er sich freundlich gibt, sich einschmeichelt, für Verständnis für die nicht infrage zu stellenden Paragraphen wirbt.

9. Die Spieler sagen, wie sie sich in der Rolle wahrgenommen haben:

Die *Sozialarbeiterin* spürte nach kurzer Zeit, daß sie mit ihrem forschen Auftreten an Schulze nicht herankam, und fühlte sich von seiner Umarmungsstrategie bedroht. Deshalb habe sie dann Abstand gesucht und ihn auf einen Verfahrensweg festgelegt. Der *Sozialarbeiter* fühlte sich von den Ereignissen total überrumpelt, so daß er gar nichts gesagt habe. Die *Flüchtlingsfrau* fand die Situation angenehm: Schulze habe mal gelächelt, habe Gefühlsreaktionen gezeigt. *Herr Schulze* hat gleich zu Anfang gemerkt, daß bei dieser Frau Vorsicht geboten war. Ihr Auftreten habe ihm imponiert, wenn es auch unbequem war. Er mußte höllisch aufpassen, daß sie ihn nicht in die Enge trieb. Das Gespräch lief wie zwischen Gleichberechtigten. Übereinstimmend war man der Meinung, daß Schulze auch hier am längeren Hebel saß, daß aber das Auftreten der Sozialarbeiterin so viel Respekt erzeugt hat, daß er keine weiteren Schwierigkeiten machen würde.

10. Die Szene wird in einer dritten Version gespielt:

Eine Teilnehmerin will als SozialarbeiterIn den Besuch bei Schulze allein machen. Sie tritt ein, begrüßt Schulze freundlich, setzt sich ihm gegenüber und unterhält sich mit ihm zunächst über private Dinge. Dann kommt sie zur Sache, will Schulze überreden, kulant zu sein. Schulze geht von vornherein auf ihren Ton ein, stellt die Formalitäten als notwendige Bagatellen dar, die man einhalten müsse, wie sie ja wisse. In kumpelhafter Weise, wie sie von der Sozialarbeiterin angeschlagen wurde, vereinnahmt er diese. Andere Sachen - wie Betriebsfest und Betriebsklima seien doch viel wichtiger...

Ergebnis der Arbeit an den Haltungen der SozialarbeiterInnen: Beim Umgang mit Behörden müssen deren Normen gekannt und akzeptiert werden, dann sind Spielräme möglich. Mit moralischen und humanen Aspekten zu kommen, um Regellungen zu umgehen, führt zur Abwertung und zum Nichternstnehmen der SozialarbeiterInnen. Klares und offenes Auftreten in der Sache wird akzeptiert und respektiert. Es kann in Entscheidungsfällen Wirkung zeigen.

8.3 Umgang mit KollegInnen

1. Die TeilnehmerInnen erinnern sich an Situationen, in denen sie Schwierigkeiten im Umgang mit KollegInnen hatten. Mehrere schildern solche Situationen:

Schwierigkeiten mit KollegInnen bei FlüchtlingssozialarbeiterInnen:

- Der Berlin-Besuch eines Asylbewerbers wurde abgelehnt. Die Sozialarbeiterin macht das dem Betreffenden klar. Ein Kollege, der das Gespräch mitbekommen hat, mischt sich ein und bietet dem Asylbewerber an, eine Regelung zu suchen.

- Schwierigkeiten mit dem Verhalten von Kollegen in anderen Arbeitsbereichen ergeben sich daraus, daß die Kommunikation nicht direkt mit den Kollegen stattfindet, sondern über die Vorgesetzten läuft.
- ZAST-SozialarbeiterInnen werden in persönlichen Gesprächen und auf Tagungen mit den ZAST-Strukturen identifiziert.
- Ein Kollege delegiert einen Problemfall, der auch die anderen Mitarbeiter angeht, an andere, ohne seine MitarbeiterInnen zu informieren.
- Absprachen finden nicht statt: Einzelne agieren nach persönlichem Gutdünken und nicht in Zusammenarbeit mit anderen SozialarbeiterInnen.
- KollegInnen von christlichen Trägern möchten humanitäre Hilfe leisten und beachten die Arbeitsbedingungen der ZAST-MitarbeiterInnen nicht
- Hilfesuchende Flüchtlinge spielen SozialarbeiterInnen gegeneinander aus.

2. Die TeilnehmerInnen entscheiden sich für eine Situation, die im Spiel untersucht werden soll.

Situation: Ein Sozialarbeiter liest ein Protokoll von einer Konferenz, in dem unrichtige Aussagen über seine Arbeit enthalten sind. Da er selbst an der Konferenz nicht teilgenommen hat, können diese Informationen nur von der Dienststellenleiterin des Sozialdienstes der ZAST stammen. Der Sozialarbeiter ärgert sich, zumal ihm in der Folge Äußerungen zugeschrieben werden, die er nicht gemacht hat.

3. Der Protagonist schildert detailliert die Situation, die im Spiel untersucht werden soll: dabei spricht er auch über seine Gedanken und Gefühle in der Situation.

4. Der Protagonist sucht sich aus den Teilnehmerinnen eine aus, die die Rolle der Dienststellenleiterin übernehmen soll. Er stellt sich hinter sie, legt ihr die Hand auf die Schulter und spricht, vom Spielleiter durch Fragen angeregt, in der Rolle der Leiterin:

Seit 8 Jahren leite ich hier den Sozialbereich in der ZAST: Ich habe die Arbeit der SozialarbeiterInnen zu koordinieren und unterstütze die Leitung der

ZAST. Ich bin in meinem Gebiet kompetent, habe in vielen Bereichen Erfahrungen gesammelt. Ich werde häufig angegriffen. Die SozialarbeiterInnen behaupten, ich sei der verlängerte Arm der ZAST. Das liegt wohl daran, daß ich es nicht allen gerecht machen kann. Jede(r) glaubt, daß ich mich genau um sein/ihr Anliegen kümmern soll. Das kann ich aber nicht. Vieles muß ich delegieren. Außerdem muß jemand, der koordinieren will, Kompromisse zustandebringen. Ich kämpfe jedoch bei meiner Arbeit auch immer für die Flüchtlinge.

5. Der Spielleiter läßt den Protagonisten drei TeilnehmerInnen drei auswählen, die Positionen von SozialarbeiterInnen repräsentieren sollen, die aus verschiedenen Verbänden stammen und unterschiedliche Ansprüche an die Dienstellenleiterin stellen. Die SozialarbeiterInnen setzen sich auf Stühlen der Dienstellenleiterin gegenüber.

6. Der Protagonist benennt die Herkunft der SozialarbeiterInnen, charakterisiert ihre Haltung aus der Perspektive der Dienststellenleiterin und sagt dann aus der Perspektive der SozialarbeiterInnen, wie sie die Dienststellenleiterin wahrnehmen:

A. arbeitet für einen privaten Träger. Er tut so, als sei er persönlich betroffen. Er hat leider keine Ahnung von der Verwaltung. Seine Haltung gegenüber der Dienststellenleiterin: "Du bist inhuman, ein reiner Verwaltungsmensch."

B. sieht zwar die Verwaltungsabläufe, muß aber häufiger korrigiert werden. Haltung gegenüber der Dienststellenleiterin: "Sei doch mal ein bißchen toleranter."

C. arbeitet für einen kirchlichen Träger. Sie kennt eigentlich die Abläufe, kommt aber immer wieder mit den gleichen Fragen. Dabei weiß sie selbst, was los ist. Haltung gegenüber der Dienstellenleiterin: "Ehe ich mich kritisieren lasse, frage ich sie lieber."

7. Nacheinander tragen die drei SozialarbeiterInnen ein für sie charakteristisches Anliegen vor. Der Protagonist reagiert in der Rolle der Dienststellenleiterin auf diese:

A.: "Ein Afrikaner war bei dir, er fühlte sich ganz schlecht behandelt. Du bist so barsch, schreist sie an. Wir hatten das schon öfter."
Antwort: "Ach, die Leute versuchen mich über den Tisch zu ziehen."

B.: "Du bist so resigniert. Die Zusammenarbeit mit dir klappt nicht mehr."
Antwort: "Ich bin nicht resigniert. Ich arbeite jetzt nur in der Leitung und nicht mehr direkt mit den Flüchtlingen.

C.: "Ich habe da eine Kurdin, die in der Frauenabteilung unterkommen soll."
Antwort: "Das ist nicht mein Problem. Da sind andere für zuständig, das weißt du doch."

8. Der Spielleiter fordert den Protagonisten auf, sich selbst der Dienststellenleiterin gegenüberzusetzen und zu sagen, was er von ihr hält:

Protagonist: Als Leiterin der Sozialabteilung ist sie immer stark in einer Verteidigungshaltung. Sie sagt mir immer wieder, wie ich mich verhalten sollte.

9. Der Protagonist nimmt die Rolle der Dienstellenleiterin ein und spricht sich an:

"Du weißt doch genau, wie der Laden hier läuft. Halte dich an die Absprachen, dann gibt es auch keine Probleme mit den Kollegen."

10. Die BeobachterInnen, die das vom Spielleiter angeregte Spiel des Protagonisten von außen wahrgenommen haben, versuchen die Beziehung zwischen diesem und der Dienstellenleiterin und die Gründe für seine Schwierigkeiten zu klären. Dabei greifen sie auf eigene ähnliche Erlebnisse und Verhaltensweisen zurück.

Beide - der Protagonist und die Dienstellenleiterin - argumentieren von unterschiedlichen institutionellen Interessen her, fühlen sich aber auch persönlich gekränkt. Der Protagonist vertritt seine persönlichen Interessen und die seines kirchlichen Trägers, die Dienstellenleiterin muß dafür sorgen, daß die Arbeit in der gesamten Sozialarbeit funktioniert. Ihre Arbeit ist gegenüber der Arbeit der einzelnen abstrakt und bürokratisch; die individuellen Wünsche, Anforderungen und Abweichungen der einzelnen SozialarbeiterInnen sind für sie eher Störfaktoren, die beseitigt werden müssen. Obwohl beide engagierte Arbeit leisten, können sie sich nicht verständigen, weil sie am anderen die eigenen abgespaltenen Anteile bekämpfen müssen: Die Dienststellenleiterin, die selbst 8 Jahre Sozialarbeiterin war, muß die moralischen Ansprüche der einzelnen SozialarbeiterInnen abwehren, um das Funktionieren des Systems zu garantieren. Der Sozialarbeiter muß die Sachzwangargumentation der Dienststellenleiterin abwehren, weil er sonst die relative Bedeutungslosigkeit seiner Arbeit anerkennen müßte. Die Auseinandersetzung zwischen der Dienstellenleiterin und den SozialarbeiterInnen ist ein emotional geführter Streit um die eigene Identität, die durch die objektiven Bedingungen, unter denen die Flüchtlingssozialarbeit stattfindet, immer wieder infrage gestellt wird. Dieser Streit bindet nicht nur Kräfte, er führt auch dazu, daß SozialarbeiterInnen untereinander in Konkurrenz geraten, die durch die öffentliche Kritik der Dienststellenleiterin an einzelnen und bestimmten Gruppen forciert wird.

11. Die TeilnehmerInnen überlegen gemeinsam, in welcher Weise die Beziehungsstruktur verändert werden kann.

Folgende Vorschläge werden gemacht und andiskutiert:

- Die SozialarbeiterInnen müssen sich dezentral zusammenfinden und über ihre Arbeitssituation, ihre Erwartungen aneinander und über Möglichkeiten zur Zusammenarbeit beraten.
- In einem gemeinsamen Gespräch der SozialarbeiterInnen mit der Dienstellenleiterin müssen die unterschiedlichen Funktionen und die daraus resultierenden Interessen, Erwartungen und Handlungen dargestellt werden. Vor diesem Hintergrund kann und sollte auch über die Kränkungen, Enttäuschungen, Ängste und Wünsche gesprochen werden.
- Es müssen klarere Absprache über die Organisationsstruktur getroffen werden: Welche Fragen und Bereiche können von den SozialarbeiterInnen eigenständig entschieden und verwaltet werden, welche bedürfen der Koordinierung und Entscheidung auf übergeordneter Ebene.

- Die Begegnungen und Absprachen müssen gut vorbereitet werden, müssen zeitlich und räumlich außerhalb des Alltagsstreß stattfinden und von externen Supervisoren angeleitet werden.

9 DIE WIEDERKEHR DES FREMDEN

Fremdheitserfahrungen während der Sozialisation

Projektions- und Abwehrprozesse, wie wir sie in unterschiedlichen Zusammenhängen untersucht haben, haben ihren Ursprung nicht allein in der aktuellen Lebenssituation. Sie fußen häufig auf problematischen Erfahrungen, die die einzelnen im Laufe ihrer Sozialisation - vor allem in der frühen Kindheit - gemacht haben. In Krisensituationen regredieren wir und greifen auf die Verhaltens- und Übertragungsmuster zurück, mit denen wir die früheren Situationen bewältigt bzw. abgewehrt haben. In diesem Sinne sind aktuelle Projektions- und Abwehrprozesse fast immer auch mit früheren Szenen verbunden und können häufig nur auf diese bezogen verstanden werden. Auch wenn wir davon ausgehen, daß viele der frühen Szenen halb- und unbewußt bleiben, sind wir doch der Meinung, daß es möglich ist, Szenen und Haltungen zu erinnern und zu untersuchen, in denen analoge Projektions- und Abwehrprozesse wirksam waren und sind. Sie können für Übertragungen und damit für die eigenen Anteile beim Umgang mit Fremden sensibilisieren.

1. Die TeilnehmerInnen erinnern sich an Situationen, in denen sie auf das Verhalten anderer Personen so reagiert haben, wie sie das gegenüber AusländerInnen tun, mit denen umzugehen sie Schwierigkeiten haben.

Dabei richten sie ihre Aufmerksamkeit auf solche Situationen und Personen, die ihnen emotional wichtig waren und sind: Eltern, Geschwister, FreundInnen, Geliebte usw.

2. Jede(r) entscheidet sich für eine Szene und rekonstruiert sie mit Unterstützung durch den/die SpielleiterIn mit Hilfe eines Standbildes.(Verfahren vgl. S. 42ff.)

Alternative: Jede(r) erzählt oder demonstriert die Szene.

3. Jede(r) vergleicht die Haltung, die er/sie in dieser Szene gezeigt hat, mit der, die er/sie in der Analogszene gegenüber AusländerInnen eingenommen hat, und sucht nach Zusammenhängen und Differenzen.

4. Jede(r) interpretiert die eigene Haltung gegenüber AusländerInnen in einer kritischen Situation nach dem Muster: "In der Situation habe ich so reagiert, wie ich es damals gegenüber ... gemacht habe. Mein Problem ist möglicherweise..."

LITERATURVERZEICHNIS

ERDHEIM, Mario: Das Eigene und das Fremde. Über ethnische Identität. In: PSYCHE 8/1992, S.731-744

ERDHEIM, Mario: Fremdeln. Kulturelle Unverträglichkeit und Anziehung. In: Kursbuch 107/1992, S.19-31

HEINRICHS, Hans-Jürgen: Abstoßung und Integration. Ich-Ich und Ich-Anderer, in: Boehncke/Wittch(Hrsg.): Buntesdeutschland. Ansichten zu einer multikulturellen Gesellschaft. Reinbek 1991, S.19ff.

HEINRICHS, Hans-Jürgen: Inmitten der Fremde. Von In- und Ausländern. Reinbek 1992

KRAUSS, Thomas: Die Angst vor Fremden aus psychoanalytischer Sicht. In: taz-Journal: Die Deutschen und die Fremden. Aus dem Alltag eines Einwanderungslandes, 1992,S. 74-76

MÜLLER, Angelika I./SCHELLER, Ingo: Menschen aus Schwarzafrika und wir. Annäherung an das Fremde mit Mittel des szenischen Spiels. Oldenburg 1993

SCHELLER, Ingo: Erfahrungsbezogener Unterricht. Königstein/Ts.(2.Aufl.) 1987

SCHELLER, Ingo/SCHUMACHER, Rolf: Das szenische Spiel als Lernform in der Hauptschule. Oldenburg (2.Aufl.) 1987

SCHELLER, Ingo: Schwierige Schüler oder schwierige Lehrer? Arbeit an Konfliktsituationen im Unterricht mit Mittel des szenischen Spiels. In: Loccumer Protokolle 56/1985

SCHELLER, Ingo: Wie lernen Lehrer? In: Schröder/Spindler(Hrsg.), Die Zukunft der Schule. Oldenburg 1986

SCHELLER, Ingo/ BARTELS, Adolf/LOOSE, Gerd/KÖTTER, Winfried: Das szenische Spiel als Lernform in der Sonderschule. Oldenburg 1987

SCHELLER, Ingo: Wir machen unsere Inszenierungen selber (I). Szenische Interpretation von Dramentexten. Theorie und Verfahren zum erfahrungsbezogenen Umgang mit Literatur und Alltagsgeschichte(n). Oldenburg (3.Aufl.) 1991

SCHELLER, Ingo: Deutschland, einig Vaterland? Versuche zum erfahrungsbezogenen Umgang mit den fremden Schwestern. Oldenburger Vordrucke 112/1990, Oldenburg (6.Aufl.) 1991

STREECK-FISCHER, Annette: "Geil auf Gewalt". Psychoanalytische Bemerkungen zu Adoleszenz und Rechtsextremismus. In: PSYCHE 8/1992, S. 745-768

WEX, Marianne: "Weibliche" und "männliche" Körpersprache als Folge patriarchalischer Machtverhältnisse. Frankfurt a.M. (2.Aufl.) 1980

WIESEL, Elie: Die Angst vor dem Fremden, in: taz-Sonderausgabe v.8.6.1991